O NOVO JEITO DE VENDER
mais e melhor

CARO(A) LEITOR(A),
Queremos saber sua opinião
sobre nossos livros.
Após a leitura, curta-nos no
facebook.com/editoragentebr,
siga-nos no Twitter
@EditoraGente,
no Instagram @editoragente
e visite-nos no site
www.editoragente.com.br.
Cadastre-se e contribua com
sugestões, críticas ou elogios.

FRED ROCHA
PREFÁCIO DE **CAMILA FARANI**

O NOVO JEITO DE VENDER
mais e melhor

APRENDA OS 7 PASSOS PARA AUMENTAR SUAS VENDAS, CONQUISTAR CLIENTES E REVOLUCIONAR O SEU NEGÓCIO

Diretora
Rosely Boschini

Gerente Editorial Sênior
Rosângela de Araujo Pinheiro Barbosa

Editora Júnior
Rafaella Carrilho

Assistente Editorial
Tamiris Sene

Produção Gráfica
Fábio Esteves

Preparação
Adriane Gozzo

Capa
Mariana Ferreira
Júlio Bastos Boaventura

Projeto gráfico e Diagramação
Gisele Baptista de Oliveira

Revisão
Amanda Oliveira
Andréa Bruno

Impressão
Rettec

Copyright © 2022 by Fred Rocha
Todos os direitos desta edição
são reservados à Editora Gente.
Rua Natingui, 379 – Vila Madalena
São Paulo, SP – CEP 05443-000
Telefone: (11) 3670-2500
Site: www.editoragente.com.br
E-mail: gente@editoragente.com.br

Dados Internacionais de Catalogação na Publicação (CIP)
Angélica Ilacqua CRB-8/7057

Rocha, Fred
    O novo jeito de vender (mais e melhor) / Fred Rocha. - São Paulo: Editora Gente, 2022.
    192 p.

ISBN 978-65-5544-197-0

1. Negócios 2. Vendas I. Título

22-0882   CDD 174.4

Índice para catálogo sistemático:
1. Negócios

Conversar com uma pessoa acessível, divertida e simpática é sempre muito prazeroso – e esse é o caso de Fred Rocha. Além de um empreendedor, empresário, mentor e especialista em varejo de primeira, Fred é uma daquelas pessoas que nos inspiram a alcançar a excelência.

Em *O novo jeito de vender (mais e melhor)*, Fred traz reflexões e atualizações sobre o mercado do varejo e sobre como podemos fazer a diferença na vida das pessoas, clientes e colaboradores, e ainda prosperar financeiramente, fazendo nosso negócio crescer e ser reconhecido.

Esta é uma leitura rica de conhecimento, proporcionada por um autor generoso que compartilha com o leitor toda sua expertise sobre vendas, acumulada em mais de vinte e cinco anos de atuação. Aqui, Fred desconstrói um modelo de negócios pautado apenas no dinheiro, dando lugar a um lucro gerado a partir de um propósito legítimo de ajudar pessoas por meio da venda de produtos e serviços.

Com sete degraus, Fred presenteia o leitor com uma metodologia inovadora que o fará conquistar seus clientes por meio de uma venda verdadeira.

Embarque nesta leitura cheia de ensinamentos e aprenda o novo jeito de vender!

Boa leitura!

Rosely Boschini
CEO e Publisher da Editora Gente

VIVER DE VENDAS É UMA ARTE, UM DOM QUE PRECISA SER APERFEIÇOADO DIA APÓS DIA. POR ISSO, DEDICO ESTE LIVRO A TODOS AQUELES QUE SE DISPÕEM A APRENDER E A ENTENDER O CONSUMIDOR E AS RESPECTIVAS MUDANÇAS QUE ESTÃO OCORRENDO NO MERCADO.

A VOCÊS, HOMENS E MULHERES, QUE NÃO MEDEM ESFORÇOS PARA ENTREGAR A MELHOR EXPERIÊNCIA A SEUS CLIENTES, MEU MUITO OBRIGADO! SÃO VOCÊS QUE FAZEM A DIFERENÇA E GERAM A ENERGIA MOTRIZ PARA QUE O VAREJO NÃO PARE E ESTEJA EM CONSTANTE EVOLUÇÃO.

APROVEITO PARA AGRADECER A TODOS AQUELES QUE ESTÃO AO MEU LADO NA JORNADA DA VIDA. CONTAR COM O APOIO E O INCENTIVO DE VOCÊS É O QUE ME MOTIVA A QUERER SEMPRE MAIS E A VISITAR LUGARES ANTES INIMAGINÁVEIS.

AOS MEUS FILHOS, À MINHA FAMÍLIA, AOS MEUS AMIGOS E PARCEIROS, MINHA ETERNA GRATIDÃO.

AGRADECIMENTOS

Depois do que vivemos nos últimos meses, eu quero simplesmente agradecer a vida. A sua vida, a minha vida e a vida de todos que amo!

Deixo aqui também meus sentimentos a todos aqueles que perderam alguém que amavam.

Seguimos a vida, vendendo e vivendo com muita intensidade.

PREFÁCIO **12**

INTRODUÇÃO:
VOCÊ É UM VENDEDOR! **18**

1 MUDOU
TUDO! **22**

2 REEMPREENDER:
VAMOS MONTAR
SEU NEGÓCIO
DE NOVO! **58**

3 PROPÓSITO:
A BASE
DE TUDO **80**

5 INOVAÇÃO
NA PRÁTICA:
COMO
APLICÁ-LA
NO SEU
DIA A DIA **120**

4 CUIDE DAS
PESSOAS **104**

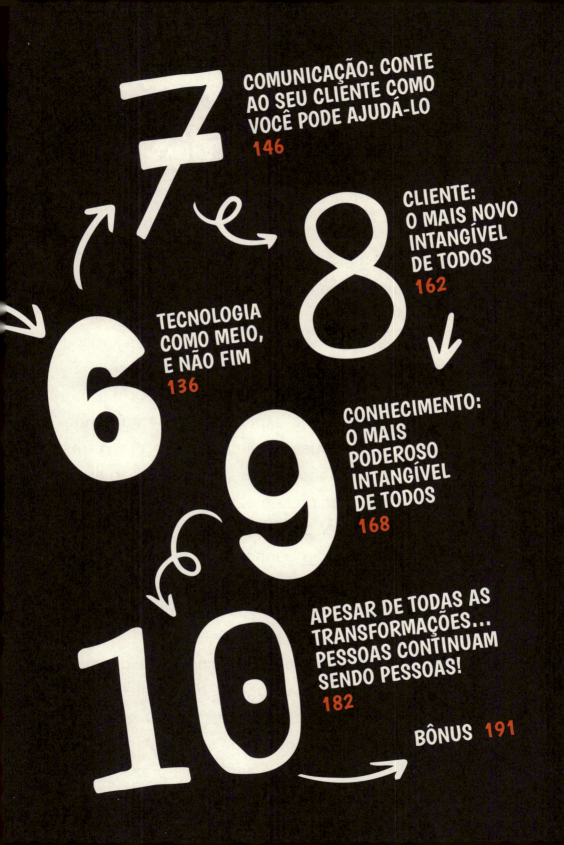

Fugir ou lutar – eis a questão de todo empreendedor durante a trilha da sua caminhada no mundo dos negócios. O empreendedor precisa estar ciente de que vai, muitas vezes, enfrentar adversidades em sua jornada, e está tudo bem. E deve ter fixo em mente: desistir não é opção para atingir o sucesso do seu negócio.

Ao longo da minha experiência no empreendedorismo, que soma mais de vinte anos de lutas, erros, acertos e um turbilhão de questionamentos, o medo é uma característica presente, mas controlável. Ainda nesse sentido, fazer o que se gosta é essencial para a caminhada do empreendedorismo, porém gostar do que se faz é inexplicável, sobretudo quando há o reconhecimento pela jornada construída diante de um propósito.

Empreender não é fácil. Para ninguém. E quem diz que é está mentindo. A verdade é que existe uma estrada repleta de altos e baixos, e, muitas vezes, você vai se sentir só, perder noites de sono, cair, ficar confuso etc. No entanto, o resultado mais prazeroso vai acontecer quando você perceber que está mudando a vida de milhares de pessoas e sendo exemplo de motivação para a trajetória de muitos que estão ao seu redor.

Digo isso porque, uma hora, o reconhecimento vai chegar. E, quando você estiver lá, fazendo tudo o que tem para fazer, com o objetivo de atingir seu propósito, vai se emocionar, assim como eu, quando receber o reconhecimento de todo seu esforço e sua dedicação pelo empreendedorismo.

Por isso, ressalto sempre a importância da construção de um propósito e da resiliência durante a caminhada. É por meio dela que podemos viver uma história de transformação e de mudanças positivas. Ou seja, tenha em mente que **desistir não é opção** durante a trilha para o tão almejado sucesso no mundo business.

Neste trajeto, há algumas ferramentas poderosas que podem (e devem) auxiliá-lo. Uma delas é a inovação; afinal, é por intermédio dela que você vai potencializar o crescimento do seu negócio e até salvar seu empreendimento, se esse for o caso. Mas, muito além disso, é por meio dessa ferramenta que você vai conhecer melhor os desejos do seu consumidor, as necessidades da sua equipe, as fraquezas do seu produto. Ou seja, você pode aplicar a inovação em todos os elementos do business.

TENHA EM MENTE QUE DESISTIR NÃO É OPÇÃO DURANTE A TRILHA PARA O TÃO ALMEJADO SUCESSO NO MUNDO BUSINESS.

E não pense que a inovação pode acabar com seu mercado. É um dos piores equívocos de um líder. Principalmente quando surgem adversidades, que é quando mais o fim de um negócio é sentenciado em vez de haver uma cultura de adaptação e exploração das fraquezas, para que novas habilidades ou soluções apareçam e se possa fazer do limão uma limonada (ou um mousse de limão!). Seja lá o que você prefira, ter autocontrole e equilíbrio para enfrentar um obstáculo diante de um cenário caótico é um dos principais fatores para enfatizar o próximo passo, que é inovar!

Isso significa ter em mãos a chave para o sucesso do seu negócio. Não é à toa que grandes empresas se reinventam o tempo inteiro. Inovam sempre para corresponder às expectativas dos consumidores e também para se adaptar às necessidades momentâneas. Do contrário, poderiam estar fadadas ao fracasso.

Vivemos em mundo globalizado, no qual a tecnologia torna-se defasada em poucos meses; no qual a postura concorrencial caracteriza-se pela busca permanente de diferenciação pelas empresas participantes do mercado consumidor de serviços e/ou produtos. Além disso, no atual mercado, uma estratégia eficiente começa com o cliente no centro. Em que você baseia suas decisões de negócio? Se as vendas não estão deslanchando, talvez seja a hora de dar um passo para trás.

Investigue e analise seu perfil de cliente ideal: suas particularidades, seus hábitos, seu grau de escolaridade, seus desafios, suas necessidades e angústias. Será que você não está tentando vender para o cliente errado? Suas vendas talvez estejam estagnadas porque você está mirando na *persona* errada. Desde o momento em que uma pessoa entra na sua loja, seja ela virtual ou física, por quais caminhos ela precisa passar até finalizar uma compra?

São essas e outras dicas e insights que este livro vai apresentar a você de forma aprofundada e embasada na experiência prática de um dos maiores vendedores deste país: Fred Rocha.

Vender é uma arte que merece dedicação, muito estudo e compreensão de mercado para que as empresas estejam alinhadas com seus propósitos e fatores externos (como alguns que citei aqui), de modo que possam seguir prosperando por meio da reinvenção contínua e atenta.

Tenho certeza de que este livro vai ajudá-lo a encontrar respostas e novas opções de caminhos que mudarão o rumo do seu negócio; por essa razão, fique atento e aproveite ao máximo cada proposta de atividade e reflexão apresentados aqui. Feito isso, certamente nos encontraremos neste mercado desafiador,

porém repleto de grandes oportunidades e reconhecimento para aqueles que fazem sua parte.

CAMILA FARANI

Sócia-fundadora da butique G2 Capital e uma das
quinhentas pessoas mais influentes da América Latina,
segundo o ranking da Bloomberg Línea, Camila conta,
atualmente, com mais de 45 startups em seu portfólio.
Atua em negócios que movimentam cerca de 2,7 bilhões
de reais por ano, além de ser integrante do conselho do
PicPay e da NuvemShop. É autora do best-seller
Desistir não é opção, publicado pela Editora Gente.

ndependentemente da resposta à pergunta da página anterior, perceba que todos que estão com este livro em mãos têm, no mínimo, um objetivo comum: entender melhor o universo das vendas e, claro, vender mais. Mesmo para aqueles que continuaram a leitura sem responder à questão, porque até aqui acreditam que não vendem nada, a boa notícia é: ainda assim, todos estão "na mesma página". Continue a leitura e entenderá o que estou querendo dizer.

Àqueles que escreveram o que vendem, parabéns! Vocês certamente já conhecem o poder das vendas e têm tudo para se tornar grandes vendedores. Dito isso, mais que nunca, vocês também sabem que precisam vender, alcançar mais clientes. Agora, mesmo se, segundos atrás, você achava que não vendia nada porque não tem um produto ou serviço claro na mente, vou mostrar que está equivocado. Você precisa, no mínimo, vender a si mesmo, sua própria imagem, certo?

Pode parecer estranho falar assim, mas como você conquistou o grande amor da sua vida? Falando sobre você, apresentando-se da melhor forma, evidenciando suas melhores características. Perceba que estamos "nos vendendo" o tempo todo, seja na vida pessoal, seja na vida profissional. Para conquistar um emprego, você precisa se vender, vender suas ideias, suas experiências e suas habilidades. Em nenhuma profissão do mundo seremos bem-sucedidos se não formos bons vendedores. A diferença é que a moeda de troca não é o dinheiro, mas o relacionamento, o emprego, e por aí vai.

Precisamos desmistificar a imagem de que o vendedor é aquela pessoa insistente, que empurra um produto ou só aborda alguém para importunar. O vendedor não deve ser um "empurrador de produtos" ou um aproveitador. O grande vendedor está ali para mostrar como seu produto ou serviço pode ajudar o cliente a resolver algum problema ou suprir alguma necessidade – o bom vendedor até cria essa necessidade para o cliente, como você perceberá nas próximas páginas.

Com toda certeza, você, leitor, já se deu conta de que, nos últimos anos, tudo à nossa volta tem mudado: o modo de nos comunicarmos, de nos relacionarmos, de nos locomovermos e de consumirmos. Logo, não é difícil imaginar que os vendedores, assim como os profissionais de outros ofícios, foram impactados por essas mudanças e precisaram se redescobrir, se redesenhar. Por isso, aquela imagem ou prática do vendedor "obrigado a vender" a qualquer custo não tem mais espaço. Nesta nova era em construção, em que a imagem e a reputação valem indicação, fidelidade e satisfação, toda e qualquer venda passa a ser uma forma de criar laços e estreitar relações entre consumidor e solucionador.

Assim, o vendedor mais bem-sucedido é aquele que desenvolve a arte de vender além do produto ou serviço; ele vende um propósito. Nesta obra, vamos adotar o significado de propósito como algo maior, que conecta emocionalmente. Por exemplo, uma loja de roupas não vende apenas roupas, mas autoestima, estilo e prestígio. Consegue entender a diferença?

E agora, sua resposta ainda é a mesma da primeira página desta introdução?

O fato é que, em meio a tantas mudanças comportamentais e até culturais, não estar atento e atualizado significa a morte do seu negócio a médio ou a longo prazo. Isso porque não há mais espaço para amadorismo no mercado, independentemente de sua área de atuação. O mercado é vivo e intenso e está cada dia mais implacável e meritocrata. Sim, neste novo cenário que se desenha, quem não se adapta morre.

Além de ajudá-lo a entender como chegamos a esse ponto, este livro tem como objetivo mostrar quem, afinal, é o novo consumidor e como atendê-lo, engajando seus colaboradores e utilizando seu propósito de maneira inovadora no dia a dia do seu negócio. Preparado?

Uma coisa posso garantir antes mesmo do início da leitura: ao final, você terá uma visão amplificada não apenas do mercado atual mas também de seu próprio negócio, de suas motivações e escolhas diárias.

Empreender nunca foi tarefa fácil, e, a partir do momento em que você decide fazê-lo, é preciso que o faça de maneira a dar sentido à sua vida, não como fardo ou exclusivamente como fonte de renda e sustento. Espero, sinceramente, que ao final da leitura você possa encontrar motivos reais para continuar sua jornada e reempreender da maneira correta.

Bem-vindos, vendedores!

O jeito de montar e administrar um negócio está mudando tão rapidamente que precisamos adaptar nossa maneira de pensar na empresa às novas condições competitivas. Boa parte dos empreendedores e empresários do Brasil ainda se sentem perdidos e necessitam de grande readequação cultural, uma nova consciência, para ajustar seus negócios a esse novo momento. Mas toda mudança cultural é lenta e, às vezes, dolorosa.

> **COMO EU DISSE, VENDEMOS DA MESMA FORMA HÁ MAIS DE 4 MIL ANOS. ENTÃO É HORA DE PARAR DE VENDER DO JEITO VELHO!**

O comércio é uma atividade muito antiga, que acompanha o homem desde as primeiras organizações sociais. Provocou condições para o desenvolvimento de habilidades que buscam influenciar o comportamento do ser humano em relação à troca de bens e à busca por artefatos e objetos que satisfaçam suas necessidades, sejam elas primárias ou não, antes mesmo do uso da moeda, até sua expansão além do mundo asiático, conquistando outras fronteiras por intermédio das caravanas e das navegações.

Segundo a pesquisadora e doutora em Geografia Silvana Maria Pintaudi, "Na idade dos metais (cobre, bronze e ferro), a atividade comercial foi desenvolvida por egípcios, mesopotâmicos, egeus, fenícios, gregos e romanos, que se deslocaram por terra e mar para trocar seus produtos".[1]

É isso mesmo! De modo geral, em toda a história, para que acontecessem, as vendas eram lastreadas pelo preço e pela espera passiva por clientes, na grande maioria dos casos. O vendedor focava as características e as vantagens de cada produto para promovê-lo e garantir a oportunidade de vendê-lo a cada cliente que aparecesse. Dependendo do perfil do vendedor, aplicava-se, como estratégia, o "fazemos qualquer negócio", o que demonstrava certa promiscuidade em relação aos aspectos fundamentais à sustentabilidade do negócio, promovendo a ampliação do risco.

É importante entender que, por milênios, os empreendedores montavam seus negócios fazendo uso exclusivo da intuição e de alguns preceitos apreendidos em conselhos não muito fundamentados de amigos e familiares. Sem referências técnicas suficientes ou estudos específicos, o comércio movia cidades e estados, aproveitando pouco do seu potencial.

---

[1] PINTAUDI, S. M. **O templo da mercadoria**: estudo sobre os shopping centers do estado de São Paulo. Tese (Doutorado em Geografia). Universidade de São Paulo, São Paulo, 1989. p. 2. Disponível em: https://doi.org/10.11606/T.8.1990.tde-22102021-225858. Acesso em: 25 jan. 2022.

> **DEPOIS DA GLOBALIZAÇÃO DAS MARCAS, DA INDÚSTRIA E DO COMÉRCIO, VIVEMOS A GLOBALIZAÇÃO DO CONSUMIDOR.**

O acesso à informação foi ampliado, ou melhor, foi exponenciado. Hoje, estudos científicos nos fornecem recursos e clareza suficientes para fundamentar as tomadas de decisões; basta acessar o Google para ter uma infinidade de informações, cursos e referências, mesmo de uma área específica de atuação. O mundo mudou, e o ganho de conhecimento ampliou a capacidade dos empresários de aproveitar melhor a sinergia de seus negócios, podendo, inclusive, aumentar cada vez mais seu lucro com alcance antes inimaginável.

Isso porque essa acessibilidade mudou, verdadeiramente, o funcionamento das empresas em todos os sentidos. Nasceram novos modelos de gestão e práticas eficientes que, por sua vez, renderam melhores estratégias. Mas é importante ressaltar que, no Brasil, foi há pouco mais de cinquenta anos que começamos, de fato, a estudar gestão e conhecimentos aplicados aos negócios – marketing, vendas etc. O próprio Sebrae, instituição que apoia micro e pequenos empresários e empreendedores país afora, foi criado em 1972. Portanto, é recente, mas a cada dia pensa-se mais em sustentabilidade do negócio, reputação e escala.

Hoje, há cursos para fundamentar conhecimentos e práticas, mas antes tudo era muito empírico, as pessoas aprendiam fazendo, errando, consertando. É fácil perceber que a primeira grande mudança foi a aplicação do conhecimento como força motriz e o grande diferencial para aqueles que alcançam o sucesso de maneira estruturada e sólida. Atualmente, não há mais espaço para achismos. Um "eu acho que é assim ou assado" pode custar muito caro.

De repente, aquele item estranho chamado computador, que parecia distante, invadiu os lares, diminuiu de tamanho. Um único dispositivo que cabe no bolso – o antigo celular – reúne quase tudo de que precisamos. O smartphone, com seu acesso irrestrito à internet, mudou a sociedade de maneira ampla, profunda e irreversível, e também o jeito de fazer negócios.

O consumidor, munido de acesso ilimitado à informação por meio da internet, começou a exigir mais do vendedor, ganhou consciência de que a empresa não se restringe ao atendente, mas à cultura, ao propósito e à liderança; percebeu também que todo e qualquer negócio faz parte de um conjunto macro, e que as empresas podem ter posicionamentos melhores. Na prática, isso significou certa mudança no capitalismo em velocidade jamais experimentada e de maneira assustadora a qualquer empresário estabelecido antes de todas essas transformações.

Estudos recentes mostram que, hoje, a maioria dos consumidores compra por convicção, ou seja, observa e consome de acordo com o papel social da empresa. Em um estudo realizado pelo Capgemini Research Institute e divulgado no fim de 2020,[2] destaca-se forte conexão entre a sustentabilidade e os benefícios do negócio principal, incluindo maior fidelidade do cliente e receita da marca.

O instituto examinou o impacto da sustentabilidade nos padrões de compra do consumidor e como as organizações de produtos de consumo e varejo entendem as expectativas do consumidor. O relatório concluiu que a sustentabilidade aumentou a agenda do cliente, com 79% dos consumidores mudando suas preferências de compra com base na responsabilidade social, na inclusão ou no impacto ambiental.

Além disso, a pandemia de covid-19 aumentou a consciência do consumidor e o compromisso de comprar de maneira sustentável: 67% dos consumidores relataram que serão mais cautelosos com a escassez de recursos naturais e 65% disseram que serão mais cuidadosos em relação ao consumo geral no "novo normal". Percebemos

---

[2] CAPGEMINI RESEARCH INSTITUTE. **Consumer Products and Retail**: How Sustainability is Fundamentally Changing Consumer Preferences, 2020. Disponível em: https://www.capgemini.com/wp-content/uploads/2020/07/20-06_9880_Sustainability-in-CPR_Final_Web-1.pdf. Acesso em: 3 jan. 2022.

o reflexo dessa mudança de comportamento todos os dias; basta se colocar no lugar do consumidor e refletir: em que você baseia suas decisões de compra?

Como consequência de todo esse movimento resumidamente descrito, o empreendedor se vê "obrigado" a mudar o jeito de fazer negócio, a criar verdadeiras equipes e a estruturar a maneira como atende às necessidades do cliente, se organiza e se posiciona diante da sociedade. E como conseguir fazer tudo isso? Só existe um caminho, que chamo de REEMPREENDER – construir novamente o negócio, seguindo uma nova forma de se relacionar com o cliente. A importância desse conceito é tão grande que teremos todo um capítulo para aprofundá-lo, mas desde já vou explicar sua aplicação prática.

Trata-se do desafio de montar a empresa de novo. A vida toda aprendemos com nossos pais e avós um modo de empreender e gerir, mas agora precisamos vencer um verdadeiro desafio cultural para reconstruir uma empresa preparada para esse novo momento, o que hoje requer aprender a investir no que não é palpável.

Sempre investimos em tijolos, prédios, estoque, imóveis, carros, porém investir no intangível é um desafio. Afinal, esse **intangível** é tudo aquilo que não podemos ver, mas sabemos que existe e que faz toda a diferença – sobretudo quando se trata de um negócio. Por exemplo, investir em formação, nos colaboradores da sua empresa, em mais qualidade de vida e em benefícios ao usuário, com empatia e com ações que agregam valor à sua marca, tanto interna quanto externamente.

Abordo esse conceito há anos em minhas palestras e em meu livro *ManUAU do novo varejista* –[3] e, já que você comprou este livro, vou presenteá-lo com o anterior.

https://fredrocha.especialistaemvarejo.com.br/livro

Além do desafio de investir em intangíveis, há três outros elementos que merecem especial atenção atualmente – **preço**, **independência do consumidor** e **intermediários** –, que precisam ser entendidos e superados antes de qualquer coisa. Mesmas práticas levam aos mesmos resultados, e resistência e teimosia podem custar o trabalho de uma vida toda, então... aceite que dói menos! Em um mundo dominado por

---

[3] ROCHA, F. **ManUAU do novo varejista**: se você tem um produto ou serviço, precisa ler este livro. São Paulo: FRD Treinamentos Ltda., 2017.

transformações cada vez mais rápidas e intensas, adaptação é a palavra de ordem.

Como mencionei, vendemos vinculados ao **preço** desde tempos remotos. A questão é que, cada vez mais, esse item está deixando de ser um diferencial competitivo; se tratado como o único diferencial, pode se tornar um problema. Empresas que focam exclusivamente preço não conseguem entregar valor a seus clientes, muito menos uma experiência de consumo elaborada. Quem busca vender por vender, e faz qualquer coisa por isso, tem um problema grave para resolver.

Desde os primórdios, o consumidor sempre dependeu do comércio. Todas as principais cidades do mundo surgiram a partir do comércio e da oferta de serviços. As pessoas se deslocavam para onde havia atividades comerciais e, graças a esse deslocamento, à concentração de pessoas, de atividades e de riquezas, pequenas vilas foram surgindo e se desenvolvendo rapidamente, até se tornarem cidades.

O sistema de trocas, considerado a primeira forma de comércio, era local. Isso quer dizer que apenas os membros de determinada comunidade realizavam essas trocas. Cada família possuía determinada habilidade: pesca, agricultura, pecuária etc. Para garantirem o sustento e a boa produtividade, as pessoas ocupavam-se de uma única tarefa. No fim, produziam mais que consumiam e, assim, começaram a estocar. Mas os produtos estragavam, e a casa precisava de outros itens além desses. Daí surgiu a necessidade da troca.

Com o passar do tempo, o comércio tornou-se cada vez mais complexo, pois um grande número de pessoas foi acrescido a essa cadeia de atividades, que logo se estendeu além das comunidades. Foi em decorrência dos problemas surgidos com o comércio que se desenvolveram recursos que influenciaram diretamente no progresso da sociedade. Problemas com a comunicação levaram à criação do alfabeto e dos numerais. A moeda surgiu para, de fato, deixar o comércio mais igualitário. Por exemplo, na época das grandes navegações, os portugueses e outros povos europeus extraíam todas as riquezas das terras em que chegavam em troca de quinquilharias.

O renascimento comercial da Idade Média ocorreu com a ampliação das rotas comerciais e o estabelecimento de feiras anuais, que atraíam inúmeros comerciantes interessados na venda e na troca de produtos.[4] O comércio está diretamente ligado ao renascimento urbano, já que se atribuem a ele o crescimento populacional e o aumento da produção agrícola. Heliana Vargas discorre sobre o assunto:

---

[4] NEVES, D. Renascimento comercial na Europa medieval. **História do Mundo**, 2022. Disponível em: https://www.historiadomundo.com.br/idade-media/renascimento-comercial-europa.htm. Acesso em: 3 jan. 2022.

Na análise dos espaços varejistas, todo esse longo período, que termina nas últimas décadas do século XVIII, apresentou duas características básicas fundamentais. Quanto à inserção urbana dos grandes espaços de mercado, estes, em essência, assumiam a verdadeira condição de ser um espaço público por excelência, quanto ao tipo de estabelecimento, esse período encontra na loja o seu maior representante. Isto é, aquele módulo mínimo destinado a comercializar as mercadorias, frequentemente utilizado com a própria produção: às vezes como espaços permanentes, às vezes em forma de tendas ou barracas.[5]

Quando cito comércio, refiro-me à venda de produtos e serviços. Mas essa situação se modificou bastante e, hoje, pode ser considerado comércio tudo o que depende de um consumidor – uma mudança cultural muito impactante para os donos de negócios. Vamos buscar compreender o verdadeiro impacto dessa nova relação de consumo em que os lugares ocupados pelo comércio e pelo consumidor se alteraram.

A responsabilidade dessa modificação não pode ser atribuída apenas à internet, mas ao que ela proporcionou, àquilo que chamo de **independência do consumidor**, ou seja, o consumidor não depende mais de um comerciante específico para resolver seu

---

[5] VARGAS, H. C. **Espaço terciário**: o lugar, a arquitetura e a imagem do comércio. São Paulo: Senac, 2001. p. 103.

problema; pode comprar de vasta oferta, a partir de qualquer lugar e a qualquer hora. E essa independência adquirida é representativa daquilo que o consumidor atual preza: a conveniência.

E aí chegamos nos **intermediários**, que possibilitaram aos consumidores acesso direto à indústria. Por meio do marketplace – plataforma on-line na qual diferentes lojas anunciam seus produtos de modo independente e organizado –, os clientes passaram a ter um leque de opções acessíveis e seguras, o que era impossível até pouco tempo atrás, quando o acesso à oferta da indústria se limitava à distribuição nas lojas.

Com a chegada desses intermediários, a pesquisa tornou-se uma prática comum para os consumidores, que podem dispor de preços mais competitivos; afinal, as grandes indústrias conseguem negociar margens mais atrativas. De certa maneira, os intermediários sempre existiram; o fato é que com o marketplace esse conceito foi elevado a outro nível, proporcionando novo formato de competição entre os vendedores contemporâneos.

Em suma, os desafios culturais que precisam ser superados são:

1. **Preço:** quem vende com base apenas no preço tem um problema enorme para resolver.
2. **Intangíveis:** não há mais espaço para acreditar apenas no que é palpável.
3. **Independência do consumidor:** é um caminho sem volta, a conveniência é um fato; adapte-se a ela.
4. **Intermediários:** o cliente finalmente chegou até a indústria.

Com a conquista da independência, o consumidor passa a ser livre para estar fisicamente longe dos produtos e serviços; afinal, consegue acessá-los a distância, por meio da internet. Com isso, há uma busca cada vez maior por qualidade de vida, algo que o contexto agitado dos centros urbanos não proporciona. Hoje, ter melhor qualidade de vida não tem mais relação com morar nos centros urbanos. Se você tem mais de 40 anos, deve lembrar que o sonho de quase todos era morar no centro da cidade, perto da praça matriz, feito que poucos alcançavam. Atualmente, entretanto, as pessoas buscam, em geral, locais mais distantes, em condomínios que ofereçam mais qualidade de vida.

Não só as pessoas estão mais independentes das cidades como os serviços também estão passando por esse processo que podemos chamar de pulverização. O consumidor, não dependendo mais do comércio, buscou novas maneiras de suprir suas necessidades, movimento que reduziu drasticamente o fluxo de clientes nos grandes centros. Com isso, um comércio passivo, que dependia desse fluxo, ficou abandonado, e aqueles que nunca souberam vender, mas apenas tirar pedidos, entraram em crise.

Esse fenômeno mundial ainda está em curso no Brasil, motivado, a princípio, por uma descentralização de atividades, de postos de trabalho e do comércio propriamente dito; ou seja, essa descentralização não acontece apenas no contexto geográfico, e a difusão tem como principal recurso e fator determinante a facilidade de acesso à internet.

Desde o surgimento das primeiras cidades, ainda na Antiguidade, até os dias atuais, a relação entre as pessoas e os espaços urbanos mudou muito, de modo natural, passando por processos de inchaço e esvaziamento. Em um contexto mais recente, levantamentos estatísticos mostram que, logo após a Segunda Guerra Mundial, houve um deslocamento em direção aos centros urbanos. As décadas de 1950, 1960 e 1970 viram as grandes cidades se transformarem em metrópoles, e, com esse contingente, vieram os problemas de habitação, saneamento e transporte. Mesmo com todos os problemas, essas cidades continuaram a ser o foco de movimentos migratórios, em especial por pessoas que buscavam melhores condições de vida, postos de trabalho e proximidade dos principais serviços.[6]

Nos últimos anos do século XX, ocorreram grandes mudanças nas cidades, em seus atrativos, na oferta de serviços e no comércio, que permaneceram e ganharam força nos anos 2000. As estruturas de serviços públicos e privados não deram conta da quantidade de pessoas que passaram a dividir o mesmo espaço, e o cotidiano das grandes cidades tornou-se cada vez mais precário. Nesse contexto, o e-commerce popularizou-se e consolidou-se como opção bastante viável e cômoda para o consumidor.

É NA CRISE QUE O DINHEIRO TROCA DE MÃO!

Situações de crise normalmente estimulam mudanças e renovações, pois é preciso buscar outros meios para continuar na atividade. A tendência é cada vez mais vivermos crises mais rápidas e recorrentes, sempre relacionadas a outros setores, que acabarão impactando a economia global, dependendo do alcance e dos

---

[6] SOUSA, R. Urbanização. **Brasil Escola**, 2021. Disponível em: https://brasilescola.uol.com.br/brasil/urbanizacao.htm. Acesso em: 3 jan. 2022.

países diretamente envolvidos. Um bom exemplo é o que ocorreu em função da bolha imobiliária, em 2008, ou da pandemia de covid-19, mais recente, e por aí vai.

Por isso, é preciso estar preparado para elas. "Mas, Fred, como, se geralmente essas crises não são previsíveis ou anunciadas?". À medida que você avançar na leitura, a resposta a essa pergunta ficará mais evidente; no entanto, por ora, um bom exemplo é o das empresas que já estavam preparadas para operar on-line, que foram as que melhor absorveram os impactos consequentes da pandemia da covid-19, enquanto aquelas que nem sequer sabiam como atender ou vender convenientemente fecharam as portas primeiro. Ou seja, não é possível prever, mas é possível estar preparado para o que está por vir. Os sinais são claros e indicam para onde o mercado está caminhando. Ou você vai me dizer que a essa altura do campeonato ainda não sabia que precisaria estar on-line para atender aos seus clientes, mesmo sua loja sendo física?

Outro ponto evidente foi: com o comércio e as formas de consumo em meio a uma situação de crise, surgem novas opções de atuação. Para superar uma crise é preciso traçar novas estratégias, reavaliar certas ações e ter a coragem de tirar ideais do papel. São necessárias mudanças conscientes de atitude, que começam pequenas e trazem resultados impactantes, sobretudo a médio e a longo prazos.

Quase ao mesmo tempo em que essas crises recentes e seus efeitos se alastravam pelo mundo, observamos um aumento considerável no uso de novas tecnologias e no acesso à internet. Os meios virtuais, desde a invenção até hoje, transformaram-se numa representação da vida em sociedade, em que é possível encontrar pessoas e conversar com elas, fazer reuniões e até consumir.

Você deve estar se perguntando: "Se estávamos falando de situações de crise, por que começamos a falar de comércio? Quem compra na crise?". Respondo, caro leitor, que as pessoas não param de comprar, de consumir. Lembra-se de que falei que nossa sociedade era – e ainda é – dependente daquilo que os centros urbanos oferecem?

Desde o surgimento do *Homo sapiens*, há cerca de 200 mil anos, nossas competências continuaram a evoluir e a se tornarem mais complexas. A capacidade do nosso cérebro é praticamente infinita, e cada vez mais recebemos estímulos e somos ensinados a ser multitarefa, a fazer várias coisas ao mesmo tempo. Lembra-se do que falei sobre o caos comum em quase toda grande cidade? Quanto tempo, em média, você gastaria para ir até o centro de uma grande cidade apenas para comprar uma televisão nova? Tenho certeza de que você já calculou a duração média e ainda tudo o que deixaria de fazer por conta do tempo que seria gasto exclusivamente para comprar o aparelho. Entende o que quero dizer?

O mundo em que vivemos atualmente demanda a execução de várias atividades, entre as quais algumas que podem e devem ser feitas de modo simultâneo. Hoje, não é necessário sair de casa, deslocar-se até o centro comercial mais próximo e conseguir uma vaga de estacionamento para comprar uma televisão.

Neste momento, você deve estar se perguntando se a solução para os seus problemas estaria em investir em possibilidades de venda pela internet. A resposta é: não apenas. Vou mostrar, ao longo do livro, que há outros elementos fundamentais para seu sucesso nas vendas que não dependem somente da internet ou de suportes tecnológicos.

Até aqui, resumi, em alguns parágrafos, uma história de mais de 4 mil anos para mostrar que as formas de consumo permaneceram quase imutáveis durante um longo tempo, e que, de uma hora para outra, tudo mudou. Os consumidores que se dirigiam aos principais pontos comerciais da Mesopotâmia com o objetivo de comprar aquilo de que precisavam ou aquilo que eram induzidos a adquirir não são mais os mesmos. Essa mudança nos costumes e nas formas de consumo mudou de repente e, hoje, esse perfil clássico de cliente, que ia até um bazar típico dos mercados antigos, os *souks*, a fim de encontrar o que procurava pelo preço mais baixo, está em processo de extinção.

Os novos clientes buscam mais que preço; querem, ou melhor, esperam que você resolva o problema deles com bom atendimento e experiências aliadas ao consumo; esperam fazer sentido com seu contexto atual e suas expectativas. Afirmo, sem dúvida nenhuma, que estamos vivenciando, em todo o planeta, a maior mudança cultural da história, pela qual absolutamente todos os mercados passarão ou já passaram. **Você está pronto?**

POR QUE PRECISO ME PREOCUPAR COM A CULTURA?

Para compreender o que significam essas transformações culturais que estamos vivenciando, primeiro devemos entender o que é cultura. Essa palavra, tão comum no nosso cotidiano, tem origem no grego antigo e estava relacionada à ideia de cultivo da terra. Ao longo da história, o termo agregou novos sentidos e significados até que, na passagem do século XIX para o XX, graças ao surgimento da Sociologia e da Antropologia, passou a significar o conjunto de práticas, saberes e conhecimentos compartilhados por um povo, tanto em sentido geral quanto em sentido específico.

Para os antropólogos, a cultura não é estática, pois sofre alterações ao longo do tempo, acompanhando o desenvolvimento humano e social. Quando observamos os clientes e seus perfis de consumo, é possível perceber as mudanças ocorridas desde o surgimento das primeiras cidades e centros comerciais até hoje, certo? Mas a cultura também deixa na sociedade marcas profundas em forma de rotina, de modos de fazer que não conseguimos mudar de um dia para o outro, e é aí que está o grande desafio: a adaptação às mudanças.

A partir do momento em que tomamos consciência dessas mudanças, devemos agir para acompanhá-las. Entender que os costumes e a cultura são mutáveis é fundamental para repensar determinados padrões enraizados ou até cristalizados. Não dá para continuar vendendo como nossos antepassados se nossos clientes não atuam mais da mesma maneira e não têm mais os mesmos padrões de consumo. A cultura do comércio e dos negócios deve acompanhar o desenvolvimento humano e as mudanças que estão ocorrendo.

Como você provavelmente já percebeu pelas informações apresentadas, a pergunta que não quer calar ainda é: como acompanhar todas essas mudanças e aplicá-las em meu negócio? Para responder a ela, vou começar afirmando que seu maior concorrente é você mesmo. Não, você não leu errado!

O comércio tradicional tem visto a Amazon, a Alibaba, os marketplaces, os shoppings, os e-commerces e várias outras novidades como concorrentes. Sim, eles são. Mas... se não se adequar, você será seu maior concorrente. Percebeu a necessidade de readequação a esse novo contexto? Será que está realmente atento às novas características do consumidor e às novas formas de consumo?

Primeiro, é preciso entender o valor real de um produto para, a partir disso, começar a construção do REEMPREENDER seu negócio. E, para quem ainda vai montar um novo negócio, atenção! O REEMPREENDER não vale apenas para pessoas dispostas a modificar os negócios já existentes, mas também para quem pretende tirar sua ideia do papel. Entender esse momento e como deve ser sua atuação daqui em diante é fundamental. Nada de seguir as velhas características citadas anteriormente; seu lastro deve ser outro que não o preço, por exemplo.

Uma dica de ouro para entender melhor seus clientes é lembrar-se de que, além de vendedores, sempre seremos consumidores. Pare um pouco para pensar em como você comprava há vinte anos. Provavelmente, frequentava mais os centros da cidade, os shoppings... No interior, era comum, inclusive, a venda fiada. E hoje? Compramos com um clique pelo celular ou em lojas que viraram ambientes incríveis; afinal, podemos optar por não enfrentar fila nos caixas e receber o produto no conforto da nossa casa.

Vivemos inúmeras mudanças que impactam de forma direta nosso dia a dia e, consequentemente, os negócios. Já evoluímos como consumidores, utilizamos os benefícios do novo jeito de comprar (on-line, por aplicativos etc.), então por que ainda não evoluímos como vendedores?

EU, CONSUMIDOR	EU, VENDEDOR
COMPRO ON-LINE.	NÃO VENDO ON-LINE.
USO APLICATIVOS DE COMPRAS.	NÃO USO APLICATIVOS PARA VENDER.
OPTO PELA CONVENIÊNCIA.	ATENDO POR UM ÚNICO CANAL.
ANALISO A REPUTAÇÃO E AS INDICAÇÕES DA EMPRESA.	NÃO ME PREOCUPO COM A FIDELIZAÇÃO DE CLIENTES NEM COM A IMAGEM DA EMPRESA NO MERCADO.
NÃO ME PREOCUPO COM O TAMANHO DA EMPRESA OU COM SUA LOCALIZAÇÃO.	INVISTO EM BENS TANGÍVEIS EM VEZ DE INVESTIR NO NEGÓCIO E NAS PESSOAS.

O NOVO MUNDO VAI EXIGIR MAIS DE VOCÊ

Como você deve ter percebido, as ações comerciais sempre giraram em torno do produto e de suas características, mas agora estão mais focadas nas necessidades dos clientes. Acredita-se que, cada vez mais, teremos consumidores conscientes. Como você vai lidar com essa realidade?

Por que as lojas estão fechando? Bem, com toda certeza algumas pessoas logo pensaram "pela crise", "pela falta de grana", "porque perderam clientes". E se eu disser que todas essas hipotéses são consequências do que deveria ter sido feito de forma diferente?

Uma gigante que, nos últimos anos, está enfrentando uma grave crise é a Victoria's Secret – um excelente exemplo de negócio que não soube se adaptar aos novos tempos. As novas consumidoras não aceitam mais um padrão de beleza único e idealizado e exigiram isto da marca: a inclusão de mulheres com diferentes biotipos e preferências. Todavia, a demora em atender a esse desejo fez com que a marca perdesse espaço no mercado para outras mais inclusivas. Com isso, foi cogitada a venda da empresa e até sua falência. Apenas no segundo semestre de 2021 a Victoria's Secret finalmente decidiu mudar. A gigante revelou sua nova linha "diversificada" de porta-vozes, que inclui Priyanka Chopra Jonas, atriz indiana defensora LGBTQIA+, Megan Rapinoe, jogadora de futebol estadunidense, e outros nomes recrutados para moldar o futuro da marca.

Ou seja, se você não reempreender e continuar se valendo das velhas práticas, pautadas sobretudo por pensamentos ultrapassados, é bem provável que seu negócio morra em pouco tempo, mesmo que você seja uma marca forte e reconhecida mundialmente.

Viu como as coisas mudaram? Nome, prédios imponentes e sucesso conquistados no passado não significam absolutamente nada hoje, muito menos asseguram que você se dará bem daqui para a frente.

Lembra-se de que eu disse que, para entender o agora, é preciso valorizar e compreender o que foi feito antes? Pois bem, isso me levou a estudar e a aprender mais sobre o comércio antigo. Há três anos, tive a oportunidade de visitar os *souks* (mercados antigos) nos Emirados Árabes. A partir daí, comecei a construir uma teoria que foi reforçada após passar alguns dias em Hong Kong vivenciando uma verdadeira mistura entre o novo e o velho jeito de vender. Depois, explorei antigos comércios europeus e, recentemente, concluí minha teoria em uma expedição que começou em Jafa, considerada uma das cidades mais vetustas do mundo, hoje incorporada à moderna Tel Aviv, em Israel, e seguiu pela Jordânia, casa dos nabateus (antigos comerciantes da região). O histórico Porto de Jafa foi, por muito tempo, a casa dos fenícios e é considerado o mais remoto porto comercial do mundo. Finalizei minha aventura pelo tempo em Alexandria para conhecer outro porto comercial importante de outrora.

É impressionante como os *souks* ainda mantêm característica obsoletas no jeito de fazer comércio, o qual permanece poderosamente arraigado em toda a cultura comercial mundial – acreditem, muitos de nós ainda vendemos do jeito velho! Por isso, compartilho com você minhas constatações práticas em relação ao que realmente mudou e ao que você precisa estar atento de agora em diante:

- Os antigos comerciantes tinham como foco o PRODUTO. Eles entendiam que o preço era determinante nas vendas; empenhavam-se em vender apenas as características técnicas dos produtos, sem se preocupar se estes agregariam benefícios reais aos clientes, se teriam função, pois, caso não servissem, isso não seria mais um problema deles, mas do comprador. Para eles, o fato de o cliente não querer seu produto significava que o problema era o valor, por isso abaixavam o preço até convencer o cliente a fechar negócio.

- Outra característica comercial antiga, mas muito presente nos vendedores atuais, é a abordagem agressiva e invasiva, ainda bastante comum em comércios populares, em que você se sente quase roubado. Eu, particularmente, não gosto desse tipo de abordagem, porém ela funciona em determinadas situações. É uma herança clara de vendedores do passado que acreditavam que nunca mais veriam aquele cliente e, por isso, usavam o peso da retórica e postura corporal exagerada, recheados de argumentos infundados e até mentirosos, para empurrar produtos e serviços ao cliente. Nessa situação, para o vendedor, era "agora ou nunca"; seu objetivo era vender a qualquer custo e de qualquer jeito.

- Mais uma característica interessante que aprendi com esses vendedores pioneiros é: se o produto for realmente de qualidade e de valor, eles perdem o poder de barganha e ficam tímidos quanto ao poder de negociação, recuando a qualquer oferta. Então, quando os vendedores ficam cabisbaixos, o cliente pode ter certeza de que o produto é, de fato, bom — aprendi isso com os asiáticos.

Esse jeito velho de vender ainda é usado hoje na maioria dos negócios baseados unicamente em preços por terem sido estimulados, durante séculos, por uma cultura milenar. Acreditem: ficar livre dela não será fácil. Não adianta só falar de valor; temos de ter uma estratégia de reprogramação comercial para nos adequarmos aos novos tempos e conquistarmos o novo consumidor.

Sem dúvida, os vendedores de outrora foram grandes vendedores, mas, acreditem, não são boas fontes de inspiração para a atualidade. Busco compreender continuamente a origem da cultura comercial e as heranças do mundo antigo deixadas em todos os negócios — até nos mais modernos e disruptivos —, na abordagem e na propaganda de seus produtos e serviços.

TUDO MUDA QUANDO SUA CABEÇA MUDA

Cursamos uma faculdade com o objetivo de aprender determinado ofício, uma profissão, mas empreender é diferente. Estudar negócios, empresas e empreendimentos, entretanto, é uma prática relativamente nova. É fato que, quando Pedro Álvares Cabral chegou ao Brasil, não havia indígenas vendendo cocar. Aprendemos a vender com os europeus, e os europeus aprenderam a vender com povos mais antigos, como os fenícios, os nabateus e os mesopotâmicos. E agora é preciso aprender de novo — logo na sua vez!

Todos os dias, até pouco tempo atrás, os donos de negócios saíam de casa pela manhã para abrir as portas de seus estabelecimentos e esperar por clientes. Mas, como você sabe, o cliente não entra mais em um local físico como antes, e, definitivamente, chegou o momento de parar de vender do jeito velho. Foi-se a época em que o dinheiro era o objetivo final — para não dizer o único! — e em que os donos de empreendimentos não precisavam se preocupar com a recorrência; afinal, tinham absoluta certeza de que nunca mais veriam aquele cliente. Foi-se o tempo em que funcionava a prática de empurrar determinado produto, e o cliente que se resolvesse com ele depois.

Essas mudanças recentes no modo de comercializar estão ocorrendo em velocidades diferentes pelo mundo. Como parte dos resultados de minhas pesquisas e observações, concluí que alguns costumes orientais valorizaram, durante séculos, características de povos antepassados, entre os quais o jeito de vender, facilitando o entendimento da nossa forma de fazer comércio atualmente.

Quando visitei o mercado do Cairo, ponto turístico muito conhecido, percebi que ali o comércio não mudara quase nada – é da mesma forma há 4 mil anos. Nele, o vínculo estabelece-se a partir do momento em que você olha determinado produto e, em seguida, vira-se para o vendedor, que então fará o possível para que você faça a compra. Em Hong Kong, tive uma experiência de compra semelhante: olhei o produto, perguntei o preço à vendedora e, quando virei as costas, achei que ela fosse jogar o produto em mim.

É como um vendedor de rede que vende preço, mas não está preocupado se você tem onde pendurá-la; ele quer apenas vender, a todo custo – o vendedor de rede é o típico vendedor antigo da história da humanidade. Não quer saber se você precisa do produto; vai empurrá-lo de qualquer jeito, abrindo mão de sua margem e do estoque, mesmo sabendo que ficará "mofando" no fundo do guarda-roupa de quem o comprou. Hoje, esse vendedor precisaria melhorar sua oferta, oferecendo, talvez, um pacote que incluísse o serviço de furar a parede, prender os ganchos e pendurar a rede para diferenciar-se dos concorrentes, atender às necessidades dos clientes e se manter no mercado.

"Mas, Fred, citando o exemplo do vendedor de rede, fica fácil identificar essas falhas! E para quem oferece produtos e/ou serviços mais elaborados?" A lógica continua a mesma. Tudo muda quando sua cabeça muda e você começa a enxergar o que antes não via ou não fazia sentido para você! Isso porque, como vou mostrar, o novo jeito de vender não está relacionado à tecnologia, a nada 4.0, 5.0, *omnichannel* ou a nenhuma palavra mágica corriqueira. O novo modo de vender está relacionado ao propósito, a ajudar pessoas e a se interessar pelas necessidades reais delas.

Nosso desafio é mudar toda uma cultura na qual fomos educados. Nossos pais e avós nos ensinaram a investir em tijolos porque, para nossos negócios valerem alguma coisa, tinham de ter patrimônio, prédio, estoque, imóvel. Contudo, de que adianta ter um prédio lindo, uma loja linda, sem clientes dentro? Vivemos um desafio cultural imenso: reaprender a investir (e a desapegar).

Sabe aquele famoso "ver para crer", tal e qual São Tomé disse? Agora temos de crer para ver — e isso mudou totalmente as características dos negócios. O intangível é o que comanda os novos negócios. O que é o intangível? Aquilo que não podemos tocar ou ver, o que não quer dizer que é inalcançável. E não conseguimos tocar nos novos valores dos negócios. Os novos valores para nossas empresas e para o que o cliente buscará de verdade não são mais tijolos.

COMO COMEÇAR A MUDANÇA NA SUA EMPRESA? CONHEÇA OS SEIS DEGRAUS RUMO AO TOPO!

Com todas as informações e reflexões propostas até aqui, você provavelmente já identificou as transformações de seu segmento de mercado e reconheceu – assim espero! – que precisa mudar. Mas a dúvida é: como? Com base em meus estudos e observações, desenvolvi um método que pode ajudá-lo. Convido você a reempreender a partir de seis valores intangíveis sobre os quais indico construir seu novo negócio; seis degraus que o levarão ao topo:

- **1º degrau: o propósito.** Seu negócio precisa servir a algo ou a alguém além de você mesmo. Ou melhor, como você utiliza seus produtos e serviços para ajudar as pessoas? Fazendo as pessoas mais felizes? Oferecendo-lhes tempo? Tenha sempre em mente o fato de que nós (por meio das minhas orientações e das suas ações) não vamos criar uma empresa para dar dinheiro, mas para ajudar as pessoas – o dinheiro será uma consequência. É disso que este livro trata. Costumo tomar como base frases como: **só ganhamos dinheiro resolvendo os problemas dos outros.** Ou ainda: **interesse-se pelos problemas de seus clientes, e eles naturalmente se interessarão por você.** Essas duas máximas representam aquilo que entendo por vendas: relações humanas. Trata-se de um processo lento de mudança do mindset da empresa, já que esteve tanto tempo focada no dinheiro. A venda ideal é aquela que chamo de venda sustentável: o cliente pode não voltar, mas fala de você para várias outras pessoas, pois acredita que foi ajudado pela empresa.

- **2º degrau: as pessoas.** Precisamos investir em pessoas engajadas para o nosso propósito chegar até o cliente. Como conseguimos esse engajamento? Por meio de um propósito legítimo. Os funcionários precisam entender por que estão ali, para que serve o que fazem na empresa. Às vezes, investimos milhares, ou mesmo milhões, numa estrutura física, num prédio bonito, mas contratamos várias pessoas que não têm nada a ver com o negócio, porque contratamos pelo que queremos pagar. Investimos muito pouco em pessoas. De que adianta uma loja bonita, na qual o cliente entra maravilhado, porém se assusta com o vendedor e vai embora?

- **3º degrau: a inovação.** Todos nós temos vontade de inovar; todavia, a questão é: conseguimos? Vou mais fundo: as pessoas não conseguem inovar porque seu propósito é fraco ou até inexistente. A inovação é um facilitador para seu propósito chegar até o cliente. A partir do momento em que entendemos o valor do propósito, conseguimos inovar o tempo inteiro, porque inovação não é tecnologia, é feita por pessoas. Quando seu funcionário tiver propósito, terá ideias inovadoras: "temos de fazer isso para facilitar as coisas para os clientes". É simples, mas nos esquivamos.

- **4º degrau: a tecnologia.** Apesar de a maioria das pessoas acreditar que atualmente precisamos de tecnologia para vender, minha percepção é oposta: não precisamos. Enquanto houver um balcão e um cliente, será possível atender sem precisar de tecnologia; no entanto, para atender a mil clientes, fica inviável. É para isto que a tecnologia serve: para vender mais e melhor; ela nos ajuda a levar nosso propósito a mais pessoas. A tecnologia assemelha-se muito à inovação – ambas são facilitadoras para escalar. Portanto, não se trata de um fim, mas de um meio.

- **5º degrau: a comunicação.** Nunca na história da humanidade se fez tanta propaganda como atualmente, e nunca os consumidores rejeitaram tanto os discursos propagandistas como hoje, porque só estamos vendendo preço e produto o tempo todo. Então, para que serve a comunicação? Para informar o cliente **como** você pode ajudá-lo.

- **6º degrau: o cliente.** Muita gente comenta que os clientes sumiram, mas costumo dizer o contrário: eles estão em todos os lugares, tornaram-se onipresentes. Hoje, o contato entre as lojas e os clientes se dá por vários meios e de diversas formas. Muitas lojas têm perfis em redes sociais e efetuam vendas por seu intermédio, mas a valorização do cliente que vai pessoalmente à loja e daquele que compra pela internet acaba sendo diferente. O que fazer? É necessário transformar numa filial cada ponto de contato com o cliente, dar a devida importância a cada um desses espaços. Note que o cliente também ficou intangível.

Todos esses degraus juntos formam uma escada, e é preciso passar por eles, um a um, para levar seu negócio ao topo.

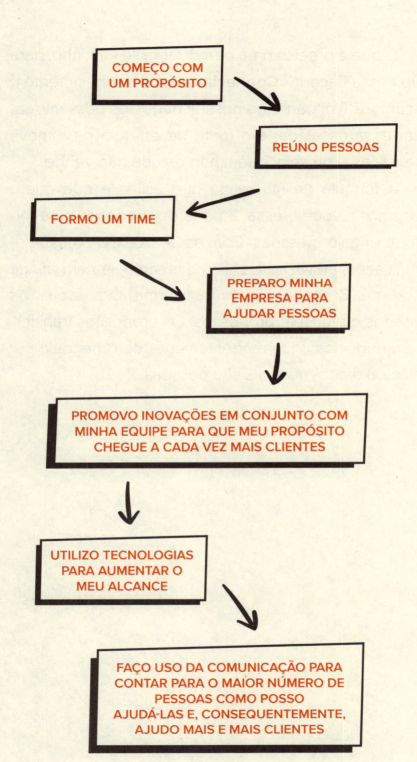

O que é preciso para percorrer esse caminho, para subir essa escada? **Conhecimento!** O conhecimento é o combustível para que nossos negócios possam realizar essa escalada; é a fonte de energia para movimentá-los — ou seja, quem não estuda não vende.

A fórmula de marketing que utilizo e que quero transmitir a você é essa. É parte do propósito para formar e engajar pessoas. Com as pessoas, promovo comunicação, inovação e utilizo a tecnologia para atingir o cliente. O conhecimento transforma as pessoas. As pessoas conduzem propósitos. Os propósitos transformam negócios. Independentemente de o negócio ser físico ou digital, pessoas são pessoas.

ENTRE TODAS AS MUDANÇAS A QUE FOMOS SUBMETIDOS, COMO EMPRESÁRIOS E EMPREENDEDORES, TALVEZ A PRINCIPAL SEJA O FATO DE QUE NÃO É MAIS POSSÍVEL MONTAR UMA EMPRESA PARA DAR DINHEIRO. HOJE, O OBJETIVO PRINCIPAL PRECISA SER AJUDAR AS PESSOAS, TORNAR O PROPÓSITO DO NEGÓCIO UM REFERENCIAL PERANTE OS DEMAIS. O DINHEIRO É CONSEQUÊNCIA DE UM TRABALHO BEM DESENVOLVIDO E NOTÁVEL.

CAPÍTULO 2

REEMPREENDER: VAMOS MONTAR SEU NEGÓCIO DE NOVO!

O empreendedorismo é um dos principais fatores de mudanças econômicas, sociais e tecnológicas no mundo e vem crescendo exponencialmente nos últimos anos. Compreender a atividade empreendedora, bem como o perfil do empreendedor, é de suma importância para o desenvolvimento da sociedade. O termo "empreendedor", derivado da palavra francesa *entrepreneur*, foi usado pela primeira vez em meados do século XVIII pelo economista e escritor franco-irlandês Richard Cantillon, que o definia como um indivíduo que assume riscos.[7] A partir daí, surgiram outros autores com outras definições sobre empreendedorismo, tornando seu conceito muito subjetivo.

Cada definição de empreendedorismo está sob perspectiva ligeiramente distinta. Por exemplo, para um economista, empreendedor é aquele que amplia valores; para um psicólogo, é aquele impulsionado por inovação; para um homem de negócios, o empreendedor é visto ou como ameaça, ou como aliado.

É importante dizer que muitas pessoas confundem empreender com administrar. Empreender é transformar uma visão em realidade. Assim age o fundador do negócio: imagina seu negócio e, em seguida, coloca-o

---

[7] ZEN, A. C.; FRACASSO, E. M. Quem é o empreendedor? As implicações de três revoluções tecnológicas na construção do termo empreendedor. **Rev. Adm. Mackenzie**, São Paulo, dez. 2008. Disponível em: https://www.scielo.br/j/ram/a/QcdCh4sfDP4FHR38qhwPdkH/abstract/?lang=pt. Acesso em: 4 jan. 2022.

em prática. Já administrar está mais relacionado a dirigir, gerir, conduzir de maneira micro o negócio; vem do latim *administratione*, que significa direção, gerência.

A prática empreendedora tem sido cada vez mais vista como fonte de geração de empregos e riqueza, fazendo com que uma sociedade atrasada avance progressivamente. Os países, sobretudo os emergentes como o Brasil, estão aprendendo a ver no empreendedorismo uma fonte de desenvolvimento e melhor oportunidade de mercado, fundamental para a geração de riquezas, promovendo o crescimento econômico e aprimorando as condições de vida da população.

No Brasil, o empreendedorismo ganhou força e se popularizou a partir da década de 1990 com a abertura da economia, o que propiciou a criação de diversas entidades voltadas ao tema, o processo de privatização das grandes estatais e a abertura do mercado interno para concorrência externa.[8] Antes disso, o termo "empreendedor" era praticamente desconhecido, e a criação de pequenas empresas era limitada em função do ambiente político e econômico nada favorável ao país.

O empreendedorismo é, como vimos, essencial para a geração de riquezas e para o crescimento

---

[8] GEM – Global Entrepreneurship Monitor. **Empreendedorismo no Brasil**. Curitiba, 2010. Disponível em: https://www.sebrae.com.br/Sebrae/Portal%20Sebrae/Anexos/livro_gem_2010.pdf. Acesso em: 4 jan. 2022.

econômico, além de importantíssimo para a geração de empregos e renda. Logo, não é difícil concluir que o indivíduo empreendedor deve ser inquieto, inovador e criativo, com aspirações de desenvolver algo novo ou de não se conformar com o modo como as coisas estão; ele deve ser útil, produtivo e buscar soluções.

Dito isso, em geral, é fácil observar que os brasileiros são favoráveis à atividade empreendedora e têm uma visão positiva dos indivíduos envolvidos com negócios próprios. Há três principais motivos para iniciar uma atividade empresarial: por necessidade, por oportunidade ou por propósito. Os empreendedores por necessidade são aqueles que iniciam um empreendimento autônomo por não terem melhores opções de ocupação, abrindo um negócio a fim de gerar renda para si e sua família. Os empreendedores por oportunidade são os que identificam uma chance de negócio e decidem empreender; mesmo contando com alternativas de emprego e renda, visam, em geral, ao lucro do investimento realizado. Já os que empreendem por propósito são aqueles que até podem ter outras opções, mas escolhem essa porque acreditam que seus produtos e/ou serviços podem ser soluções para problemas que gostariam de resolver. Boa parte dos empreendedores desse grupo se propõe a resolver algo que sentiu na pele.

O Brasil possui uma maioria de empreendedores que encontram oportunidades de negócio antes de iniciar um empreendimento. Boa parte deles se concentra nas atividades relacionadas aos serviços prestados aos consumidores, como a comercialização de alimentos e de roupas.

Durante décadas, o setor produtivo foi altamente protegido, criando uma cultura pouco inovadora no empreendedor brasileiro. Outros fatores que criam obstáculos à inovação são a fragilidade do sistema de apoio à inovação, a falta de educação empresarial no currículo escolar, as políticas governamentais, como taxas e burocracias, entre outros. Além disso, ao iniciar suas atividades sem conhecer as condições de mercado e as perspectivas de sucesso do seu negócio, o empreendedor é mais um imitador e, dessa forma, mina suas economias e seus sonhos em atividades pouco inovadoras e com raras possibilidades de sustentabilidade no mercado.

Todavia, a maior prova de que o cenário mudou nos últimos anos, e de que tanto o empreendedorismo quanto a inovação se provaram fundamentais para o mercado, é o surgimento dos chamados "unicórnios", startups que rapidamente cresceram e conquistaram grande valor capital aplicando a ideia de "solucionar um problema, resolver uma dor" dos consumidores. Geralmente, essas empresas tecnológicas têm propósitos claros e estratégias definidas.

O Brasil conta com vinte startups unicórnios — aquelas que já atingiram o marco de 1 bilhão de dólares em valor de mercado —, número atingido em apenas três anos, e a perspectiva é de que continue crescendo. É importante conhecer dados como esse, entender o que essas empresas estão fazendo para revolucionar o mercado e adaptar-se às mudanças que apontam no horizonte. Por isso, para conhecer mais sobre essas empresas e sobre as "promessas" para o futuro próximo, acesse o link a seguir.

https://troposlab.com/lista-startups-uniconio-brasileiras

No entanto, nosso foco aqui não é empreender, mas REEMPREENDER, montar um negócio do zero **de novo**! E não precisa ser necessariamente uma empresa inteira; pode ser a reformulação do seu modo de pensar — uma reestruturação de nós mesmos! Reempreender é reconstruir seu negócio seguindo os moldes e contextos NOVOS discutidos aqui; é recomeçar, mesmo que sua empresa já esteja "pronta" e atuando no mercado.

São duas as etapas necessárias para reempreender. A primeira é desenhar seu negócio de novo, recriá-lo, e não obrigatoriamente de maneira física, mas imaginária, intangível. Nesse caso, não é preciso investimento financeiro, mas de tempo e dedicação para absorver novos modelos de mindset. A segunda é não parar de empreender. Não podemos mais parar de inovar e empreender no negócio. Na atual realidade, no período de um ano, o mercado, suas necessidades e as expectativas do cliente já terão mudado. Por isso, é fundamental renovar as estratégias do negócio para acompanhar essas mudanças por meio de atitudes que renovem seu impulso, se adaptem às tendências de mercado e respeitem as atuais características de consumo e as necessidades dos clientes.

Sim, dá trabalho preparar um negócio que atenda bem às necessidades do cliente. Entretanto, se você resolveu encarar esse desafio, faça bem-feito! São inúmeros os detalhes que precisam de atenção, mas vale a pena. É trabalhoso e dá dinheiro! Você precisa preparar tudo o que fornece subsídio para o cliente conseguir comprar sozinho ou ser bem atendido. Pense comigo: quando temos um problema, gastamos dinheiro para solucioná-lo. Por isso, quando resolvemos o problema dos outros, temos trabalho, mas ganhamos dinheiro.

COMECE DE NOVO, NÃO TENHA MEDO!

Você pode estar querendo me perguntar: "Mas, Fred, como assim montar meu negócio de novo?". Adiante, vamos nos dedicar a cada um dos degraus que precisam ser ultrapassados para você reformular sua empresa e levá-la ao próximo nível. Fique tranquilo! Falei o que precisa ser feito, mas também vou mostrar como fazer!

Dito isso, vamos focar, por ora, a principal característica do reempreender: a necessidade de não parar de empreender, a mudança constante. Como disse o filósofo pré-socrático Heráclito de Éfeso: "Um homem nunca se banha nas águas de um mesmo rio mais de uma vez".[9] O que isso significa? Que nem as águas são mais as mesmas, nem o homem que se banhou antes nelas. Entender que a mudança é contínua e constante é básico para quem deseja entrar ou se manter no mercado atual. Antigamente, as pessoas só abriam um negócio e o administravam; hoje é preciso manter o motor de popa ligado. E o que seria esse motor? O reempreender!

Na prática, isso quer dizer que um negócio, independentemente da área de atuação ou do público-alvo, precisa estar em constante evolução e aperfeiçoamento.

---

[9] HERÁCLITO DE ÉFESO. "Nenhum homem pode banhar-se duas vezes...". **Pensador**, 2005-2022. Disponível em: https://www.pensador.com/frase/MTM1NjQ5Mg/. Acesso em: 25 jan. 2022.

A sociedade mudou, o consumidor mudou, por que seu negócio não mudaria?

Às vezes, os proprietários de empresas "criam" crises ou focam as existentes para justificar seus próprios erros. Como os negócios sempre foram passivos, qualquer turbulência ou problema externo afetava diretamente o consumo. As crises recorrentes, como mencionei, assim como o fim dos intermediários, são um fato, uma realidade. Cabe a você estar preparado para elas ou continuar justificando sua falta de iniciativa.

Diante das constantes mudanças que ocorrem no mundo, na sociedade e nos costumes, pergunto a você, leitor: o que devemos fazer? E já respondo: mudar também, mas de maneira consciente, atenta, com base nos princípios e degraus que formam o conceito do reempreender. Mudar por mudar não faz sentido; precisa ser pensado. Compreendendo que a mudança é um processo incessante, devemos nos posicionar para acompanharmos e aproveitarmos as novas oportunidades que surgem. Contextos de crise nada mais são que contextos de mudanças mais intensas, renovações e reformulações. Você precisa estar aberto às possibilidades, atento a essas mudanças, e analisar aquilo que pode ser incorporado ao seu negócio para se colocar em movimento.

Você já deve ter ouvido falar que a adaptação é uma característica essencial à sobrevivência. Concordo com isso! Adaptar-se é extremamente necessário para se manter vivo não só no ambiente como também nos negócios. E, como disse, não é de uma adaptação aleatória ou involuntária que precisamos, mas de uma ação consciente, de uma alternância com base na observação do meio em que estamos inseridos e pretendemos permanecer. Adaptar-se deve ser um processo ativo no qual você está no controle do que vai fazer, pois já estudou e analisou tudo de que necessita.

Talvez o maior empecilho para aceitar as mudanças e lidar com elas seja nossa própria formação e educação. Boa parte do que aprendemos gera em nós um sentimento de estabilidade, de imutabilidade, de algo que não sofre alteração ao longo do tempo – mas não é bem assim! Tomando como exemplo a Física, que faz parte das chamadas Ciências Exatas, e as Leis de Newton, tidas como imutáveis e como a base da ciência até que a Teoria da Relatividade, de Einstein, revolucionou tudo o que fora dito até então. Houve mudança de paradigma, ou seja, aquilo que se entendia como norteador básico da Física foi derrubado e substituído, sem desmerecer ou descartar tudo o que fora feito e teorizado antes. Nos negócios ocorre algo bem parecido: paradigmas são postos e depostos a todo instante, e devemos estar atentos a essas mudanças para não ficarmos para trás.

Sabe o que é preciso para mudar? Nossa disposição para as mudanças, para o aprendizado constante;

nossa atenção às transformações, que acontecem independentemente de nossa vontade. Mesmo que você, leitor, não esteja disposto a mudar, as transformações no mundo, nas sociedades e no comércio continuarão acontecendo. Se você não acompanhá-las, ficará parado no tempo — simples assim! E tenho certeza de que não é o que você quer. Prova disso é que está com este livro em mãos. O que é preciso fazer para não ficar parado no tempo, para acompanhar as mudanças e se manter em movimento? Não se acomodar.

Uma expressão que se popularizou muito nos últimos anos é "pensar fora da caixa". O que isso quer dizer, afinal? Que é preciso sair da zona de conforto, do ambiente com o qual está acostumado a lidar todos os dias, para fazer algo diferente. Pensar fora da caixa significa sair do automático, deixar de fazer o habitual, buscar novas soluções para seus problemas, pensar em inovações possíveis a partir de uma visão mais distanciada do contexto.

Saindo do convencional, é possível se deparar com aquilo que não era visto outrora, pois, quando estamos no modo automático, algumas coisas acontecem sem que as percebamos. Manter-se na mesma posição, com atitudes conservadoras, é uma forma de restringir o avanço e a renovação do seu negócio. Apesar de a expressão ter-se tornado lugar-comum, pensar fora da caixa é mais que um modismo; é necessário colocá-la em prática para que seu negócio se mantenha saudável e em constante evolução.

Agora, se você está se perguntando "Como começo a pensar fora da caixa?", eu respondo: é um processo aprendido aos poucos; basta estar disposto a sair da zona de conforto, a eliminar determinados hábitos e a ampliar o mindset. Seguindo esses passos, ficará muito mais fácil ver uma infinidade de possibilidades ao seu redor.

Aprender coisas novas e diferentes é uma maneira eficaz de começar esse exercício. Quando nos habituamos a fazer determinada coisa, o cérebro a transforma num mecanismo quase automático, o que significa repetir sempre os mesmos procedimentos, sem pensar no que se está fazendo. Neurologicamente, aprender coisas novas, ou mesmo fazer coisas costumeiras de modos diferentes, estimula as sinapses neurais e renova as células nervosas.[10] Sabe por que isso acontece? Porque os caminhos percorridos pelos impulsos nervosos se alternam e o cérebro precisa se readaptar. Algo como escovar os dentes com a mão contrária ao lado predominante do corpo.

---

[10] REIS, A. L. *et al.* **A neurociência e a educação**: como nosso cérebro aprende? Tese – Universidade Federal de Ouro Preto, Ouro Preto, 2016. Disponível em: https://www.repositorio.ufop.br/bitstream/123456789/6744/1/PRODUÇÃOTECNICA_NeurociênciaEducaçãoCerebro.pdf. Acesso em: 6 jan. 2022.

Outra estratégia bastante válida para estimular o ato de pensar fora da caixa é arriscar-se a novos desafios. Teste sua capacidade de resolver antigos ou novos problemas de maneiras diferentes, ouse tentar um novo caminho, evite agir por impulso, repense suas atitudes e faça as coisas de um jeito diferente, mas de modo consciente e após analisá-las.

A metáfora do pensar fora da caixa traz a ideia de se distanciar do contexto típico para poder "observar de longe", sob nova perspectiva. Tente se colocar no lugar de outra pessoa para lidar com questões relacionadas ao seu negócio: "De que modo ela agiria se estivesse no meu lugar?". Fazer isso causa o que os cientistas chamam de provocar estranhamento; essa atitude possibilita olhar as coisas de maneira diferente, pensar e observar de forma crítica aquilo que se mostra comum todos os dias. Com esse tipo de atitude, você poderá vencer certas travas e bloqueios mentais.

Questionar a si mesmo sobre suas atitudes também é muito importante. Entender o porquê de fazer o que faz lhe permite sair do piloto automático. Reavaliar estratégias de ação diferentes e refletir sobre elas é essencial para esse movimento de saída da zona de conforto e de mudança de hábitos. Observe o que e quem você tem à disposição para resolver um problema ou mesmo para traçar novas estratégias.

Sair do círculo comum de atuação e de convivência pode ajudar bastante. Pessoas diferentes, de áreas de atuação diferentes da sua, podem ajudá-lo a enxergar as coisas de outro modo. Algumas vezes, nossa visão fica viciada após receber sempre os mesmos estímulos, assim como ouvir frequentemente as mesmas opiniões. Muitas vezes, quem está de fora pode contribuir com experiências e novas perspectivas, enxergando aquilo que sua miopia não permite.

Apenas reclamar dos problemas não faz com que você encontre soluções. Busque perspectivas, estímulos, conteúdos, reflexões. Agir assim e tornar isso parte da cultura da sua empresa gera um ambiente em constante renovação, pois incentiva a criatividade e a interação entre os membros da equipe, proporcionando um clima mais positivo, no qual o trabalho flui, as ideias circulam e os problemas são resolvidos de modos diversos e eficientes. Ao nos agarrarmos a sentimentos de positividade, ficamos mais estimulados a realizar qualquer coisa, e isso faz muita diferença no ambiente de trabalho.

Concluindo: pensar fora da caixa é sair da zona de conforto, não se acostumar com o momento de crescimento, com a situação favorável, com as coisas dando certo; é estar constantemente empreendendo. Mas, complementar ao raciocínio de pensar fora da caixa, é a necessidade de olhar primeiro para dentro, para o seu negócio, com o objetivo de identificar suas dificuldades, limitações e potencialidades. Fazendo esse diagnóstico, qualquer melhoria ou busca por novos processos torna-se mais fácil e mais eficaz. Não há fórmula pronta para ser usada em qualquer cenário; é preciso avaliar o contexto, a situação. Mudar por mudar, sem a devida consciência dos motivos e das ações que devem ser postas em prática, pode acabar como aquilo que chamamos de "caminhar em círculos" – você sente que está andando, quando, na realidade, não sai do lugar.

Como eu disse, nossa formação – seja a doméstica ou a acadêmica – gera uma noção de que as coisas estão prontas e acabadas e que não podem sofrer alterações, mudanças, transformações, mas na prática as coisas não acontecem assim.

Datar o período exato em que teve início o comércio é praticamente impossível. Como narrei no início do livro, considera-se que o comércio surgiu na Antiguidade, com a prática do escambo. E hoje a ideologia do comércio continua a mesma: trocar uma coisa por outra (produtos e serviços por dinheiro).

Nesse sentido, o que não pode acontecer é o fato de algumas pessoas insistirem em continuar vendendo da mesma maneira arcaica. Note que a essência permanece, mas a evolução já ocorreu. Não entender isso de forma clara em pleno século XXI pode resultar em qualquer coisa, menos no sucesso de um negócio!

E não será necessário nenhum concorrente para derrubá-lo, pois, se não se renovar periodicamente e acompanhar o processo evolutivo, se não estiver atento às mudanças, você passará a ser, automaticamente, "seu maior inimigo".

Isso mesmo! Agindo dessa maneira, você será o único responsável por sua queda. Entender que a sociedade, o mercado, as formas de consumo e os clientes estão todos em constante mudança é fundamental para se manter de pé e continuar crescendo. É preciso trazer esse movimento de constante transformação para dentro do seu negócio — isso deve ser parte do seu cotidiano, da sua cultura.

> **QUANDO VOCÊ CONSEGUIR ANALISAR COM CRITICIDADE SEU NEGÓCIO, SUAS PRÁTICAS, SUA FORMA DE CONDUZIR A EQUIPE, DE VENDER, DE ATENDER O CLIENTE, PODERÁ REPENSAR AS PRÓPRIAS AÇÕES E TRAÇAR NOVOS RUMOS.**

Fazer essa autoavaliação é muito importante para que você perceba se o básico está sendo bem-feito, pois, antes de dar qualquer passo para a frente, é preciso, primeiro, verificar se o solo é firme. Sem isso, de onde virá o impulso? Costumo dizer que é necessário fortelecer a base, entender a essência do negócio e definir prioridades para, só então, com segurança e estabilidade, promover as devidas mudanças.

Olhar para nós mesmos e para nosso negócio serve para que possamos ter um diagnóstico da situação em que nos encontramos, identificando os pontos fortes e fracos, o que está faltando e sobrando. Somente assim poderemos começar a pensar em mudanças efetivas e eficazes.

Para reempreender, você precisa dominar o tripé tempo, dinheiro e pessoas. São três pilares subjetivos, eu sei. Mesmo o dinheiro já se enquadra naquilo que estamos chamando de intangível, uma vez que quase não temos mais o objeto em mãos, apenas representações do papel-moeda, e a grande tendência é que ele acabe rapidamente.

Shenzhen, na China, é considerada a primeira cidade sem dinheiro, pois todo mundo faz pagamentos por meio de QR Code.[11] Você consegue perceber que até nisso há mudanças e adaptações? Tempo, dinheiro e pessoas são características simples, mas que representam a base sólida sobre a qual construir seu negócio. A aplicação dessa noção, uma fundação baseada em

---

11 CARVALHO, I. Shenzhen: o que está por trás da cidade mais tecnológica do mundo? **StartSe**, 10 out. 2018. Disponível em: https://www.startse.com/noticia/ecossistema/china/shenzhen-o-que-esta-por-tras-da-cidade-mais-tecnologica-do-mundo. Acesso em: 6 jan. 2022.

um propósito bem definido, serve muito bem tanto para grandes empresas como para o carrinho de pipoca.

Uma empresa que compreendeu rápido que precisaria reempreender o tempo todo foi o Magalu, organização que todos os brasileiros conhecem e com a qual a grande maioria certamente já se relacionou. Apresento, a seguir, alguns dos seus principais marcos para ilustrar o que é evolução constante, desde sua fundação.

Em 1957, o casal Luiza Trajano e Pelegrino José Donato comprou uma pequena loja na cidade de Franca, interior de São Paulo, chamada A Cristaleira, dando início ao que viria a ser uma das maiores redes de varejo do país, o Magazine Luiza. O nome da loja foi escolhido em um concurso cultural promovido por uma rádio local — um exemplo de que, desde o princípio, a empresa ouve e respeita a opinião do seu público.

A prática da inovação e a ousadia fazem parte da rotina de trabalho no Magazine Luiza, sem deixar de lado suas crenças e princípios sólidos de valorização das pessoas. Em 1992, por exemplo, a empresa foi pioneira na criação das lojas virtuais no Brasil, na época chamadas lojas eletrônicas — um *case* estudado até pela Universidade Harvard, nos Estados Unidos.

Em 2011, com o lançamento do Magazine Você, a primeira iniciativa de *social commerce* brasileiro, com mais de 60 mil lojas no primeiro ano, o empreendimento obteve reconhecimento e conquistou prêmios internacionais, além de ser um sucesso de crítica e público. Essa novidade mudou a maneira de fazer negócios nas redes sociais, oferecendo a oportunidade de empreender sem a necessidade de investimento financeiro, e com a venda sendo realizada pela relação social entre as pessoas e finalizada por meio da plataforma de e-commerce do Magazine Luiza. Qualquer um pode montar uma vitrine com produtos do Magazine Luiza e vender a amigos e conhecidos.

Em 2014, o Magazine Luiza criou o Luizalabs, um laboratório de tecnologia e inovação em seu núcleo de Pesquisa e Desenvolvimento, com o objetivo de criar produtos e serviços com foco no varejo, oferecendo aos clientes mais benefícios e melhor experiência de compra. Um dos principais projetos elaborados pelo Luizalabs é o Bob, aplicação de *big data* que mudou a forma de trabalhar com conteúdo customizado no Magazine Luiza, alavancando as vendas e melhorando a experiência do consumidor. Hoje, o Bob é responsável por todas as recomendações de produtos do magazineluiza.com, entregando sugestões de compras também por e-mail e por redes de display.

Ainda em 2014, foi criado o Marketing Multicanal, integrando as equipes de marketing e-commerce e marketing das lojas físicas. Essa medida viabilizou uma comunicação multicanal ao cliente, representada pela vendedora virtual Lu, não só nas redes sociais, mas nos comerciais de televisão e em tabloides impressos.

Além da venda de produtos, a marca desenvolveu soluções de crédito. Em 1992, o Magazine Luiza criou o Consórcio Luiza, empresa coligada que atua em todas as lojas nos segmentos de Eletro&Móveis, Carro&Moto, Imóvel e Serviços. Desde 2001, o Magazine Luiza e o Itaú-Unibanco associaram-se para a criação da LuizaCred, que possibilitou à empresa oferecer grande variedade de serviços financeiros — Cartão Luiza, CDC, Empréstimo Consignado, Grana Extra e Seguros — a clientes que não tinham acesso aos bancos.

A LuizaCred é uma das maiores financeiras do país e conta com a sólida estrutura de financiamento do Itaú-Unibanco. Em 2003, o Magazine

Luiza associou-se à Cardif, empresa do Grupo BNP Paribas, para a criação da LuizaSeg, seguradora responsável pelos produtos de garantia estendida e seguros. O Magazine Luiza é a única empresa do varejo a possuir uma seguradora própria, criada por meio de uma *joint venture*.

Como é possível perceber, desde a fundação, inovar é uma característica intrínseca ao dia a dia da companhia. Faz parte, inclusive, do texto final do credo, documento que perpetua para as próximas gerações o jeito de ser, pensar e agir dos fundadores: "Não somos seguidores. Somos pioneiros, somos inovadores".[12]

Agora que você já sabe por que precisa reempreender, vamos começar a subir, um degrau de cada vez, a escada que o levará ao encontro de um novo universo de possibilidades e resultados, a começar pelo primeiro, o propósito.

---

[12] MAGALU. **Inovação e multicanalidade**, 2021. Disponível em: http://site-gce.magazineluiza.com.br/quem-somos/multicanais/. Acesso em: 6 jan. 2022.

O MERCADO É VIVO, AS EXPERIÊNCIAS CADA DIA MAIS INTENSAS, E AS MUDANÇAS, INEVITÁVEIS. NA PRÁTICA, REEMPREENDER SIGNIFICA QUE UM NEGÓCIO, INDEPENDENTEMENTE DA ÁREA DE ATUAÇÃO OU DO PÚBLICO-ALVO, PRECISA ESTAR EM CONSTANTE EVOLUÇÃO E APERFEIÇOAMENTO. A SOCIEDADE MUDOU, O CONSUMIDOR MUDOU, POR QUE SEU NEGÓCIO NÃO MUDARIA?

CAPÍTULO 3

PROPÓSITO: A BASE DE TUDO

Vou iniciar este capítulo fazendo uma provocação saudável: você saberia me responder, sem titubear ou parar para pensar, qual é o propósito da sua empresa?

Se, como vimos, um empreendedor imagina, desenvolve e realiza seu negócio, em um primeiro momento, com base em um ideal, a visão romantizada desse processo poderia sugerir aos leitores uma primeira resposta atrelada ao sonho do negócio próprio ou de ajudar pessoas. Mas a verdade é que as pessoas resolvem empreender a partir de uma necessidade pessoal para só depois desenvolver essa visão romântica do propósito.

Todos nós precisamos de motivação para começar qualquer coisa. E, no caso de iniciar uma empresa, esse incentivo normalmente é o dinheiro. Contudo, é importante entender que essa motivação inicial precisa ficar em segundo plano, desde o momento em que você inaugura efetivamente esse negócio e começa a se relacionar com seus clientes. Na prática, isso significa dizer que, se um negócio continuar pensando única e exclusivamente em lucros e ganhos, você já sabe aonde ele vai chegar. E é aí que entra esta palavrinha mágica, o tal do propósito.

> **O QUE O TROUXE ATÉ AQUI? UM SONHO DE CONSUMO? VIAJAR? UMA MOTO? UMA CASA? FORMAR UM FILHO? CASAR-SE? DEIXAR UM LEGADO NESTE PLANETA?**

Note que o despertar do empreendedor se dá sempre por uma causa, por uma necessidade de sua vida pessoal. Por isso a reflexão sobre os sonhos. Os sonhos particulares impulsionam o empreendedor a criar alternativas para financiá-los. A empresa surge como o caminho para alcançar os recursos que atendam às suas necessidades sociais e de sobrevivência. Todavia, para estruturar o propósito do seu negócio, é importante direcioná-lo. É preciso alinhar aquilo que o move, que lhe forneceu a determinação de empreender, àquilo que move também o consumidor, encontrando o caminho certo para atendê-lo. Para criar um propósito significativo para seu negócio, é fundamental olhar para fora, para o cliente.

Aqui se dá o início da mudança! O propósito desconstrói a ideia de que montamos uma empresa para ganhar dinheiro. Trata-se de um marco na mudança do mindset quando entendemos que o dinheiro é consequência, não mais o objetivo final, e que o negócio precisa, de alguma forma, ajudar as pessoas — só então as coisas começam efetivamente a mudar.

A título de compreensão, é importante distinguir as duas facetas do propósito e que vamos adotar daqui em diante. A primeira é voltada a empresas e negócios, em que ajudamos a sociedade por meio do nosso trabalho; a outra é focada na causa, no porquê de nos levantarmos todos os dias, nossa motivação, nossa inspiração. Mas atenção: em alguns momentos, essas duas facetas poderão se fundir — quando sua causa passar a ter envolvimento maior e mais forte, que poderá se tornar seu propósito, ou seja, sua motivação poderá se tornar seu trabalho em prol do planeta.

Sempre digo em minhas palestras que **o propósito deve estar relacionado a servir a alguém além de si mesmo**. Como você utiliza seu produto ou serviço para ajudar as pessoas? Fazendo-as mais felizes? Proporcionando-lhes mais tempo?

Como já mencionei, hoje, ao se pensar em um negócio, o foco não deve ser o lucro, o "ganhar dinheiro", como antigamente, mas criar uma empresa para ajudar as pessoas — e ganhar dinheiro será consequência. De novo, jamais se esqueça de que só ganhamos dinheiro resolvendo o problema dos outros. Trata-se de uma mudança de mentalidade que demanda tempo e energia, mas é fundamental perante a nova realidade.

Logo, o conceito de propósito pode ser representado pela equação a seguir:

> **O QUE VOCÊ VENDE + O QUE SEU PRODUTO FAZ PELAS PESSOAS = PROPÓSITO**

Por exemplo: vendo doces + ajudo as pessoas a ficar mais alegres e satisfeitas.

PROPÓSITO NA PRÁTICA

Para ilustrar a aplicação do propósito, apresento a vocês um *case* interessante de um empreendedor que conseguiu reempreender e alinhar seu propósito às ações para tornar seu negócio único e inspirador.

O Bar do Pezão tem fila quase todos os dias! Mas a história começou bem diferente. Nascido no Paraná, Pezão é um entre dez filhos e desde cedo trabalhava vendendo sorvetes. Aprendeu a escolher os lugares movimentados para vender mais com menos esforço. Um dia, encontrou um cachorro na rua e o trocou por uma galinha e um pintinho. Tudo o que veio depois derivou desses dois animais!

Ele e o pai transformaram a primeira galinha em 150 outras, com um galo emprestado de um vizinho. Depois, venderam todas as galinhas, e Pezão começou a fazer rolo com bicicletas. Chegou a ter 21! Viveu de juros e de inúmeras outras formas de comércio. Um dia, resolveu montar um bar no qual, quando vazio, ele próprio sujava os pratos e deixava nas mesas para parecer que outros clientes haviam estado ali. Além do bar, montou uma loja de brinquedos e de artigos de pesca. Percebeu que os artigos de pesca vendiam mais e migrou o negócio totalmente para a pesca, usando os brinquedos para presentear os clientes. Ao longo do tempo, aprendeu que dar para receber é uma excelente estratégia e utiliza isso até hoje como fundamento para manter o cliente satisfeito.

Por desorganização, faliu os dois empreendimentos, precisou recomeçar e, ao conseguir o ponto que intuitivamente percebera ser a melhor opção, montou o bar. Pezão conseguiu o recurso com um cliente que abriu uma conta para ele num banco e disponibilizou o empréstimo. Sem o apoio dos irmãos, comprou o ponto e reformou o local por um ano. Após algum tempo, precisou fechar o bar antigo para que os irmãos aceitassem ir para o novo.

Certo dia, resolveu fazer alguns adesivos para divulgar seu negócio e escreveu "o melhor bar do mundo". Todos que o encontravam riam e criticavam a frase. Sem querer, achou aquele que seria o propósito do seu empreendimento a partir de então. Acrescentou um "acredite se quiser" à frase adesivada em seu carro e começou a perseguir o objetivo de ser o melhor bar do mundo, começando pelo atendimento de excelência.

Pezão criou seu propósito por brincadeira, e isso acabou levando sua régua muito para cima. Ele já contava com qualidade de atendimento impecável, com uma empresa legitimamente focada no cliente, em atender bem. Contudo, quando desenvolveu o propósito de ser o melhor bar do mundo, dessa "brincadeira" nasceu uma mudança real que vai surtindo efeito. Todo mundo o conhece, e vários famosos passaram pelo bar, que faz bastante sucesso em Indaiatuba (SP), sempre com fila para entrar — e na fila mesmo ele vai servindo as pessoas com comidas e bebidas.

Hoje, ao chegar ao Bar do Pezão, todos os clientes recebem um caldinho para garantir que não tenham desconforto à espera da comida. O propósito dele, como dito, é ser o melhor bar do mundo, e ele faz isso atendendo muito bem, fazendo com que o cliente se sinta parte importante desse processo.

Entenda que, até chegar a essa conclusão, Pezão teve muito o que aprender. Com a loja de pesca, aprendeu que dar é uma ótima estratégia para receber, e coloca isso em prática no seu bar, com uma equipe treinada para atender os clientes, oferecer o caldinho, fazer com que todos se sintam acolhidos. A fila de entrada para o bar é imensa, mas, graças ao atendimento e à acolhida, as pessoas permanecem ali por horas. Alguns ensinamentos que podemos aprender com Pezão:

- **Escolher bem a localização:** Você precisa ser visto! O lugar do seu negócio tem de ser de fácil acesso, visível, onde as pessoas queiram ficar, onde se perguntem: "Por que está tão cheio?". O lugar deve despertar interesse, curiosidade, chamar a atenção, para que, desse impulso, você fisgue o cliente com o atendimento, com a excelência, com o seu diferencial, expondo seu propósito. Voltaremos a isso, mas lembre que, dessa forma, seu propósito alcança as pessoas, gera empatia, identificação, e isso transforma um visitante, um curioso, em cliente.

- **Valorização e igualdade:** Dinheiro não tem cara nem coração; não importa a cor, a raça, a religião, o gênero, todos devem ser bem atendidos. Atenda bem, não importa quem! Pode até ser que a pessoa nunca mais volte a comprar algo com você, mas, se for bem atendida, e se identificar com seu propósito, vai falar de você. Esse marketing do famoso boca a boca ainda não foi superado e é valiosíssimo. Uma pessoa bem atendida se sente valorizada, acolhida, confortável, e você quebra várias barreiras de aproximação. Ela baixa a guarda porque se sente segura.

- **Atendimento personalizado:** Todas as cortesias da casa são endereçadas, a pedido do Pezão, para que o cliente se sinta presenteado. Por exemplo, em vez de oferecer o caldinho como "brinde da casa", os funcionários sempre falam: "O Pezão mandou pra você!". Sabe o que isso causa? Sentimento de importância. É algo muito simples, que até pode parecer bobagem, porém cativa as pessoas, cultiva a empatia pelo seu negócio, faz com que seu propósito seja percebido na prática. Esse acolhimento do Pezão e de sua equipe faz com que o cliente sinta que sua presença faz a diferença.

- **Cativar o cliente:** Uma venda termina quando o cliente volta; por isso, quando ele vai embora, é importante dar-lhe um motivo para voltar. Cativar as pessoas é parte do processo de transformar os curiosos, os visitantes, em clientes. O que faz com que ele volte não é apenas o preço cobrado, até porque isso muda de acordo com a situação econômica, mas todo o restante que você oferecer, em especial aquilo relacionado ao seu propósito.

- **Buscar qualidade constantemente:** Na corrida da qualidade, não existe linha de chegada. O treinamento constante da equipe é cansativo, mas não tem jeito; é preciso treino. Por que você acha que o Bar do Pezão é tão conhecido e está sempre lotado? Se respondeu que é pelo atendimento, acertou. Um bom atendimento não se faz com um passe de mágica; é fruto de um trabalho contínuo de treinamento, de investir tempo e conhecimento nas pessoas que fazem parte da sua equipe. São elas que vão levar seu propósito ao cliente.

- **O cliente acima de tudo:** O patrimônio mais importante de um negócio? Os clientes. O que significa patrimônio? É um bem, algo de valor. Correto? Correto! Transformar curiosos e visitantes em clientes é um processo e, quando isso acontece, você fideliza a pessoa e ela passa a ser um patrimônio da empresa. O que fazemos com nosso patrimônio? A gente cuida! Não adianta apenas conquistar; é preciso cuidar, manter e cultivar de modo contínuo a relação que você conseguiu estabelecer com o cliente. É isso que o fará voltar; é isso que o fará falar de você e do seu propósito para outras pessoas. Esse ainda é um dos melhores marketings para o seu negócio.

SE SUA EMPRESA FECHASSE AS PORTAS HOJE, QUEM SENTIRIA FALTA DELA?

Você já parou para se perguntar o que o mundo perderia se seu negócio deixasse de existir? Estou exagerando ao falar de mundo? Então troque por país, ou mesmo por cidade, ou pelo segmento do qual faz parte. Independentemente do tamanho que seu negócio tem hoje ou que virá a ter, de quais maneiras aquilo que você oferece na sua empresa impacta na vida de outras pessoas? Qual é a relação do seu negócio com os clientes ou, mais que isso, com a sociedade em geral?

Atualmente, os consumidores não buscam apenas preço; consomem também os propósitos por trás das marcas. Steve Jobs afirmava que a Apple não vendia tecnologia, mas design, criatividade e inovação. Comprar um iPhone ou um iPad significa, segundo ele, não só adquirir um smartphone ou um tablet, mas um produto de design inovador fruto de criatividade singular.[13] Um produto Apple é facilmente identificado entre outros justamente porque o propósito definido é seguido à risca, custe o que custar. Mesmo estando entre

---

[13] HISTÓRIA da Apple. **Portal São Francisco**, 2021. Disponível em: https://www.portalsaofrancisco.com.br/curiosidades/historia-da-apple. Acesso em: 6 jan. 2022.

os aparelhos mais caros do mercado, os smartphones da Apple continuam entre os mais vendidos. Por que isso acontece? Porque os consumidores assimilaram o propósito da empresa e fazem o possível para adquirir seus produtos.

Precisamos mudar o modelo de vendas arcaico para aquele do atender bem e solucionar o problema do cliente para só então lucrar com isso. O propósito do seu negócio precisa chegar ao cliente. Atender às necessidades do cliente é dedicar-se ao relacionamento humano, seja para venda ou para seu posicionamento no mercado — é isso o que chamo de venda sustentável. Por essa razão, é fundamental que você compreenda sistemicamente o propósito do seu negócio para avançar.

Propósito é aquilo que move você de maneira contínua, perene, que o faz se levantar da cama todos os dias, que dá sentido ao que realiza cotidianamente. Quando se trata de um negócio, o princípio é o mesmo: propósito é aquilo que o fez surgir, erguer-se; é o que dá sentido à sua existência e à manutenção dela. É diferente de uma causa, que é momentânea, que não está relacionada, de maneira direta, à imagem do seu negócio e ao que ele representa, que pode ou não ser abraçada dentro e fora da empresa, que diz respeito a determinado objetivo, num contexto específico, e que se altera conforme as necessidades e as situações; o propósito é abrangente, é a razão de existir, é a espinha dorsal do seu negócio, é algo que deve se manter.

Quando mencionamos causa e propósito, deve-se ressaltar essa diferença entre os dois. A causa normalmente se liga a elementos mais pessoais, a questões individuais, a perspectivas de mundo. O propósito, por outro lado, pode estar diretamente relacionado à vida profissional, cotidiana, e precisa fazer sentido na sua vida. É comum ouvirmos que "devemos amar o que fazemos", e isso é uma realidade, mas é importante atentarmos ao fato de que amar não significa que tudo será sempre simples e fácil.

O amor nos move do mesmo modo que os propósitos devem nos mover todos os dias; porém, amar não significa que ao longo de todo o processo tudo será lindo e prazeroso. Mas o propósito, assim como o amor, fornece as condições necessárias para superar obstáculos, dificuldades e desafios, a fim de dar continuidade àquilo em que você acredita, para fazer valer. Propósito é aquilo que nos direciona, que nos estimula.

Agora você deve estar se perguntando: "Como desenvolver um propósito para o meu negócio?". A primeira coisa a fazer é olhar para si, para dentro da sua empresa, e pensar em como seu negócio contribui para melhorar a vida das pessoas. Que produtos ou serviços você pode oferecer para ajudar as pessoas ou resolver os problemas delas? Essa avaliação deve ser muito cautelosa, pois servirá como norte para sua equipe e será sua imagem perante os clientes. É preciso ter cuidado para não criar propósitos falsos e inalcançáveis, ou, pior, que você não seguirá – que estarão escritos, mas nunca sairão do papel.

O propósito da sua empresa é, em essência, o motivo de ela existir, sua razão de ser, o significado maior da existência do seu negócio, e deve ser graças a isso que você, sua equipe e sua empresa vão se manter em atividade no mercado, em competição. Entretanto, um propósito definido não é suficiente; ele precisa ser claro, verdadeiro, e os clientes devem acreditar nele tanto quanto você e sua equipe. A base desse propósito deve estar diretamente ligada à visão e à missão da sua empresa, valor que faz parte de quem você e o seu negócio são, porém pensado a partir das necessidades dos clientes, para que possam se identificar com ele e com sua empresa.

O propósito, como parte dos valores de um negócio, é relativamente recente nas empresas brasileiras, e, muitas vezes, aquilo que se mostra como propósito é, na realidade, pensado às pressas apenas para entrar na "crista da onda". Por mais que seja um tema bastante comentado nos meios empresariais, propósito não é simplesmente uma moda. É preciso ter atenção e cautela para estabelecer o propósito do seu negócio, pois um propósito falso ou inconsistente pode afetar diretamente sua reputação no mercado. Os clientes estão atentos e acostumados a lidar com isso; buscam marcas e empresas que não só vendem ou oferecem um serviço, mas que pensam em si, em sua equipe, nos clientes e na sociedade.

Não adianta apenas escrever seu propósito nas paredes de suas lojas, em banners do seu e-commerce, torná-lo público, se isso não fizer sentido, se não for assimilado, se as pessoas não acreditarem. Todos precisam acreditar nele tanto quanto você! Definir um propósito só para parecer preocupado com o cliente e com a sociedade não é suficiente; se ele não for real, isso ficará evidente para os clientes.

Quando verdadeiro, o propósito atrai e engaja as pessoas, que se tornam clientes fiéis. Quando bem claro e definido, agrega valor ao produto, ao serviço e ao negócio, de maneira geral. Quanto mais pessoas souberem qual é o propósito do seu negócio, mais fácil será alcançar aquelas que se identificam com ele. Pessoas que se identificam com seu propósito são clientes potenciais, e essa identificação é um estímulo não somente para comprar, mas para manter uma relação com seu negócio.

O CASO AMAZON

Você já se perguntou por que a Amazon cresce tanto? Porque é uma empresa verdadeiramente centrada no cliente.

Criada em 1994, em Seattle, na garagem do seu CEO Jeff Bezos, a Amazon é hoje uma das maiores empresas do mundo e atua em diferentes ramos. O nome da companhia foi inspirado no rio Amazonas, pois Bezos queria que sua empresa fosse a maior do mundo em seu segmento e que sua vazão de produtos se assemelhasse à do rio sul-americano. O impulso de criação da Amazon era, de fato, aproveitar o ambiente em expansão da internet para vender. Vender o quê? Livros. Seus diferenciais na venda de livros eram o preço e a rapidez na entrega, o que era possível por causa das parcerias que Bezos conseguiu estabelecer com inúmeros distribuidores e atacadistas. Essa estratégia permitiu que o estoque da empresa não se limitasse. A grande novidade da época eram os pedidos pela internet.

Cerca de dois anos depois de sua criação, a Amazon começou a receber muitos investimentos e a crescer bastante, mesmo que a prioridade de Bezos, no início, não fosse obter grandes lucros, mas fortalecer o nome da marca. Entretanto, o boom nos investimentos em empresas de tecnologia, ocorrido no início dos anos 2000, gerou uma bolha no mercado de ações, e, quando essa bolha estourou, a Amazon quase faliu. Repensando e reestruturando seu negócio, Bezos conseguiu manter a Amazon.

A inovação é uma constante nas estratégias. Outra além dela, que permanece na essência do negócio, é o propósito. Qual é o propósito de Jeff Bezos e da Amazon? Ajudar pessoas. Resolver seus problemas. Ele conseguiu unir pessoas que querem comprar com pessoas que querem vender, a princípio, livros; hoje, a companhia tem vasta gama de produtos, oferecendo espaço também para outras lojas, incluindo de produtos usados. E isso é feito com excelência, buscando atender o cliente da melhor maneira possível.

Eu mesmo posso falar do atendimento da Amazon que demonstra essa devoção ao cliente e que garante fidelização. Um produto meu foi entregue no hotel quando eu já não estava mais na cidade, e a Amazon resolveu o problema para mim. A empresa tem preocupação efetiva com o serviço; está muito mais preocupada em entregar que em vender.

AS COISAS MUDAM QUANDO VOCÊ É EMPÁTICO

Ainda neste capítulo, precisamos falar sobre empatia, sobre se colocar no lugar do outro. Se o propósito está diretamente relacionado a ajudar as pessoas, a resolver seus problemas, precisamos ser empáticos às necessidades delas. Em minhas palestras, costumo fazer uma brincadeira pedindo às pessoas que se coloquem no lugar de uma mãe com um filho pequeno, na correria o dia todo. Nessa dinâmica, podemos observar vários pontos com os quais a empresa poderia se preocupar, como a mãe deixando o supermercado com a criança nos braços, sem conseguir ajuda para carregar as sacolas até o carro.

O exemplo proposto pela dinâmica é realizado em paralelo com a apresentação de um vídeo da Amazon[14] que mostra justamente essas situações de mães com filhos pequenos e suas tentativas e propostas, sejam de comunicação, de tecnologia ou de inovação, para facilitar a vida dessas mulheres, de modo a verdadeiramente contribuir para que tenham mais tempo, sejam mais felizes e possam aproveitar a companhia dos filhos sem empecilhos. Levar o filho ao supermercado não deve

---

14 AMAZON e Alexa no dia dia do consumidor 01. 2018. Vídeo (1min40s). Publicado pelo canal Fred Rocha — Consultor e Palestrante em Varejo. Disponível em: https://www.youtube.com/watch?v=ShxGVlUzfjs. Acesso em: 5 abr. 2022.

ser um problema. Empresas que não estão preocupadas com o consumidor, essas, sim, são o problema!

"Empatia" vem da palavra grega *empatheia*, que significa sentir o sofrimento do outro, colocar-se no lugar do outro. É uma característica muito própria do ser humano, ligada aos sentimentos, à cognição e à regulação de emoções. A empatia gera estímulos de aproximação e interação com outras pessoas a partir da percepção de alguma dificuldade, sofrimento ou angústia. Há partes específicas do cérebro – o sistema límbico – que são ativadas quando sentimos empatia.

No instante em que você vê uma pessoa na rua chorando, sentada num banco, essa imagem é geralmente interpretada pelo cérebro como uma situação de tristeza e sofrimento. Quando vemos alguém perfurando parte do corpo de maneira acidental, qual é a nossa reação? Quase sentimos a dor dessa pessoa; sentimos sua aflição. Por que isso acontece? Porque o cérebro consegue reconhecer essa situação e, de algum modo, nos coloca no lugar do outro. E, como a região do cérebro responsável por esse sentimento é a mesma responsável pela memória, provavelmente essa sensação se dá pela lembrança de algo semelhante vivenciado por nós.

Empatia é diferente de simpatia, que, apesar de semelhante na escrita e na etimologia, está muito mais relacionada a afinidades; a simpatia requer compreender os sentimentos e as emoções do outro. Para ser empático, não é preciso sentir afinidade; basta ter a sensibilidade de enxergar o outro e suas condições. A empatia é o contrário da apatia, que tem como base o egoísmo e a ausência dessa sensibilidade com o próximo. Para exercitar a empatia é necessário se desvencilhar ao máximo de sentimentos egoístas e apáticos e estimular a sensibilidade.

O que move os negócios são as pessoas, as relações entre elas. Não adianta investir em maquinário, estruturas arquitetônicas, lojas bonitas e bem decoradas, com vitrines chamativas, se as pessoas não forem o foco. Se a empatia está na base das relações humanas, se faz parte do nosso sistema neurológico, serve diretamente ao estabelecimento e à manutenção dessas relações. Como ter empatia nos negócios? De que maneira a empatia pode ajudar no seu negócio?

A partir do momento em que você ouve os membros da sua equipe, quando se faz presente, se mostra disponível a entender o universo deles, você está exercitando a empatia. Desse modo, as relações interpessoais e a comunicação se tornarão mais firmes e efetivas, propiciando um ambiente de colaboração e acolhimento, o que influenciará, de forma direta, na capacidade criativa da equipe.

Seu papel de liderança também pode ser incrementado com uma postura empática, pois as pessoas o verão como alguém que ouve, que dá a devida atenção àquilo que elas têm a dizer. A escuta ativa é uma ação acolhedora e gera pontes, fortalece relações interpessoais, cria vínculos; ao ouvir os membros de sua equipe, você tem acesso a ideias que não teria sozinho. Por muito tempo, mostrar-se sensível aos outros era sinônimo de fraqueza, mas hoje é uma característica bastante valorizada, pois a sensibilidade está diretamente ligada à criatividade e ao trato com pessoas. Estar atento às pessoas, aberto a ouvi-las e colocar-se no lugar delas é igualmente um modo de estar atento às mudanças, uma vez que mudanças são feitas por pessoas e afetam pessoas.

Entender os potenciais dos membros de sua equipe é muito importante para gerar bons resultados. Muitas vezes, a abordagem adotada para apresentar informações e tarefas faz toda a diferença para estimular um colaborador. Perceber essas nuances, identificar as especificidades das pessoas, é ser um líder empático e preocupado. Agir desse modo demonstra senso de liderança e sensibilidade para lidar com a diversidade da equipe. Estabelecer essa relação de confiança e proximidade garante a motivação e o engajamento do seu colaborador.

Para desenvolver todas essas habilidades, é necessário que você, como líder, conheça a si mesmo, entenda seus limites, suas motivações, suas emoções e seus bloqueios. Ter empatia é se colocar no lugar do outro, mas não significa agradar a todos o tempo inteiro.

Direcionar sua empatia aos clientes pode ser o diferencial para conquistá-los e fidelizá-los. Quando o cliente se sente acolhido, ele volta. Dessa forma, quando seu propósito estiver relacionado ao bem-estar dos clientes e sua relação com eles for empática, você atrairá e fidelizará mais pessoas.

É sabido que manter um cliente é muito mais lucrativo que atrair um novo. Com base nessa percepção, a Nice Latin America encomendou, em 2020, um estudo a respeito do perfil dos consumidores exigentes para entender o que levam em conta na escolha dos produtos e soluções, o que esperam das marcas e como as empresas devem se preparar para atendê-los melhor.[15]

O poder deixou de ser das marcas e está totalmente nas mãos dos consumidores; por isso, não atender às suas demandas representa, hoje, um risco muito alto. Segundo a pesquisa, todos esses fatores estão transformando a dinâmica competitiva e moldando as regras do jogo, no qual a multiplicidade de ofertas e a amplitude de informações disponíveis permitem ao consumidor tomar decisões racionais.

Não é de surpreender que os consumidores sejam todos menos fiéis às marcas. Por esse motivo, construir lealdade tornou-se um dos desafios mais importantes das organizações: 95% dos consumidores concordam que a experiência do cliente é fundamental para definir

---

15 ESTUDO mostra que custo para conquistar cliente é 25 vezes mais caro do que manter um existente. **Tlinside**, 24 jun. 2019. Disponível em: https://tiinside.com.br/24/06/2019/estudo-mostra-que-custo-para-conquistar-cliente-e-25-vezes-mais-caro-do-que-manter-um-existente/. Acesso em: 6 jan. 2022.

sua lealdade a uma marca. Conseguir um cliente é, portanto, entre 5 e 25 vezes mais caro que manter um existente. Um cliente fiel é muito mais propenso a gastar mais e a recomendar e a promover a empresa.

Por isso, desenvolva um propósito empático, deixe-o claro aos clientes, mostre quanto seu negócio está, de fato, preocupado com ele, com os problemas dele e com a sociedade.

Quer se aprofundar um pouco mais nesses conceitos, e não apenas entender, mas passar a viver do seu propósito? Preparei um vídeo sobre esse tema. Não deixe de vê-lo, pois tenho certeza de que vai ajudá-lo a dar os primeiros passos.

https://fredrocha.especialistaemvarejo.com.br/video_01

Dicas de leitura:
- SINEK, S. **Comece pelo porquê**: como grandes líderes inspiram pessoas e equipes a agir. Rio de Janeiro: Sextante, 2018.
- SINEK, S.; MEAD, D.; DOCKER, P. **Encontre seu porquê**: um guia prático para descobrir o seu propósito e o de sua equipe. Rio de Janeiro: Sextante, 2018.

NUNCA SE ESQUEÇA DE QUE A GENTE SÓ GANHA DINHEIRO RESOLVENDO O PROBLEMA DOS OUTROS. MAS ISSO É POSSÍVEL APENAS QUANDO VOCÊ VIVE SEU PROPÓSITO E OS CONSUMIDORES O ENXERGAM DE MANEIRA CLARA E COERENTE. TRATA-SE DE UMA MUDANÇA DE MENTALIDADE QUE DEMANDA TEMPO E ENERGIA, MAS QUE SE MOSTRA FUNDAMENTAL DIANTE DA NOVA REALIDADE.

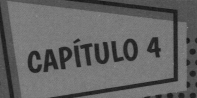

CAPÍTULO 4

CUIDE DAS PESSOAS

Depois de entender a importância de encontrar e defender o propósito da sua empresa, o degrau seguinte é o que vai permitir que esse propósito seja realmente executado e transmitido ao cliente: as pessoas – os principais desenvolvedores quando se trata da construção do sucesso de uma empresa. Sem a parceria adequada, o negócio tende a minguar. Por isso é tão importante investir em pessoas e engajá-las na empresa, além de atender bem, vender bem e relacionar-se bem com o cliente interno e externo. Não há outra forma de o propósito da empresa chegar até o cliente, ser percebido e experienciado se não pelas pessoas!

Quando queremos engajar as equipes, buscamos, muitas vezes, aumentar a energia, o envolvimento e o desempenho dos profissionais. No entanto, para que isso aconteça, não basta fornecer boa infraestrutura e materiais de qualidade; é preciso que eles saibam para que serve o que estão fazendo. Uma equipe só se engaja se percebe que o próposito que a empresa apresenta aos clientes faz sentido, e aí se identifica com ele. O engajamento é puramente emocional; o colaborador tem de se sentir parte do crescimento, do sucesso e do propósito da organização.

> **NUNCA SE ESQUEÇA DE QUE OS COLABORADORES E PARCEIROS TAMBÉM TÊM AS PRÓPRIAS MOTIVAÇÕES. NA PRÁTICA, ISSO SIGNIFICA QUE A INSPIRAÇÃO DOS PROFISSIONAIS ESTÁ DIRETAMENTE LIGADA A QUANTO PERCEBEM QUE REALIZAR SEUS SONHOS DEPENDE DE REALIZAR OS SONHOS DA EMPRESA.**

O mercado atual nos mostra de diversas formas o movimento "investir em pessoas". Em vários lugares e a todo momento, recebemos a mensagem "invista em pessoas, invista em pessoas, invista em pessoas"; todavia, você já compreendeu o porquê de tamanha mobilização?

As pessoas são o fio condutor para o propósito da empresa chegar ao cliente, e por isso é tão importante investir em pessoas. Mas empresas são entidades complexas, com relações desenhadas de maneira única, e nem sempre é fácil atuar de forma alinhada entre o que fazemos e o que pregamos. De qualquer modo, essa deve ser sempre nossa intenção. O foco para fazer dessa a realidade da empresa faz com que a equipe contribua e se engaje para conseguir.

Os empresários ou responsáveis pelo desenvolvimento da equipe precisam vivenciar o propósito e semeá-lo por meio de treinamentos e metas; desenvolver pessoas alimenta o propósito do negócio. E é essencial contratar pessoas com perfis e potenciais alinhados aos valores da organização. Muitas vezes, ouvimos algo do tipo "preciso de três pessoas de mil", referindo-se às pessoas pelo salário. A contratação, quando feita sem a devida preparação, gera desperdício de recursos, desmotivação e impacta num desserviço ao cliente, seu parceiro mais precioso.

O objetivo não é fazer o que mandam, mas saber para que serve aquilo que se está fazendo. Não adianta ter propósito se não houver pessoas engajadas para comunicá-lo — e, mais que isso, as pessoas só se engajam por meio de propósitos. Se o propósito não é legítimo, se o seu funcionário não acreditar nele, não terá engajamento. E sem funcionários engajados não há como quebrar a barreira do balcão — seja ele virtual ou de qualquer outro tipo — e chegar até o cliente. Então, tenha um propósito verdadeiro! Não é mais o emprego em si; é acordar pela manhã para ir a um lugar em que quero estar; é acreditar no que faço.

Uma equipe engajada é essencial para que seu negócio se mantenha, pois é por meio dela que o propósito será difundido. Uma equipe bem treinada e que acredita no propósito da empresa leva isso até o cliente de maneira natural. Trabalhar com propósitos claros dá fôlego para executar as tarefas diárias com facilidade e motivação.

Mas como engajar os colaboradores para que se sintam assim? Para a efetiva construção desse engajamento, há algumas atitudes que podem ajudar, por exemplo, uma reunião em que você conte sua história e suas motivações, promovendo a empatia dos colaboradores; marque outras reuniões para também ouvir a história das pessoas, entendê-las, promover a comunicação e o diálogo entre você e o restante da equipe.

Provavelmente você já se questionou sobre os motivos que o fazem acordar todos os dias, levantar-se da cama e ir trabalhar. O livro do filósofo Mario Sergio Cortella, *Por que fazemos o que fazemos?*,[16] trata dessa relação direta entre aquilo que nos move todos os dias e o propósito, como vimos até aqui, e isso deve ser compartilhado e alinhado com a equipe para que todos partilhem dessa motivação — para que ela acredite e siga esse propósito tanto quanto você, ou até mais.

Nesse mesmo livro, Cortella fala que há pelo menos dois motivos que podem fazer você querer ficar na cama numa segunda-feira pela manhã: o cansaço e a falta de estímulo causada pelo estresse e pelo

---

16 CORTELLA, M. S. **Por que fazemos o que fazemos?:** Aflições vitais sobre trabalho, carreira e realização. São Paulo: Planeta, 2016.

desinteresse. O primeiro pode ser resolvido com mais alguns minutos de sono; já o segundo é um pouco mais complexo, pois reflete a falta de propósito, a falta de motivação para se levantar e fazer o que faz.

Como vimos, é o propósito que nos move todos os dias, que nos estimula a executar tarefas. Uma vida ou um trabalho sem propósito acarreta a falta de estímulo, a falta de impulso para fazer qualquer coisa. Se você busca formar uma equipe engajada, que veste a camisa da empresa e se sente parte efetiva do negócio, precisa de um propósito muito claro para fazer com que as pessoas o assimilem e acreditem nele. Esse processo de assimilação não acontece da noite para o dia, mas é parte da necessidade constante de formação e treinamento de sua equipe.

Para que as pessoas se identifiquem com o propósito da sua empresa é necessário, antes, que acreditem nele. Como fazer isso? Por meio da comunicação. Compartilhando seus sonhos e suas aspirações, ouvindo as pessoas e compreendendo, também, os sonhos delas, percebendo o que elas têm a dizer e que contribuição podem dar.

Antes de ter um propósito definido, as pessoas, em geral, se identificam com uma causa. O processo que leva a essa identificação gera aproximações, e é essa abertura que possibilita a conexão e a identificação com os produtos e serviços ofertados no mercado.

Imagine uma situação em que o dono de uma loja de surfe resolve contratar vendedores especializados em eletrônicos. Não haveria empatia entre eles. O ideal é que ele procure pessoas envolvidas com o esporte e com o estilo de vida do surfe.

Na prática, isso pode ser feito em momentos de integração e em reuniões que promovam essa comunicação. Depois, pode-se criar um quadro de sonhos que estejam relacionados às causas ou aos propósitos pessoais e ligá-los aos da empresa. Um bom exemplo de quadro de sonhos foi implantado na Ecoteg, indústria de lacres de autenticidade e segurança e tags personalizadas para roupas, durante o "café da manhã do ano", evento que conta com a presença de todos os colaboradores. Em 2018, nesse evento, foi lançado o quadro de sonhos para todos os funcionários da empresa (48 internos e 69 representantes), que receberam instruções de como ele funcionaria e os motivos que levaram a companhia a instalá-lo.

Os gestores entenderam que só conseguiriam chegar aonde desejavam se as pessoas também alcançassem seus objetivos. Mas é muito difícil que as pessoas utilizem métricas de meta na vida pessoal porque não têm costume, hábito, formação ou conhecimento técnico suficiente para isso. Partindo desse entendimento, foi implantada a seguinte fórmula: cada colaborador deveria revelar seu sonho para que a empresa tivesse um norte e todos pudessem trabalhar para alcançá-lo. Desde 2018, o gestor compartilha com a equipe quais são seus objetivos e para onde vão levá-los. Assim, utiliza os sonhos pessoais de cada colaborador para potencializar a motivação na busca de objetivos comuns, que devem ser os da empresa.

Nesse processo, relatos fantásticos de funcionários que conseguiram realizar seus sonhos – como terminar de construir a casa própria – comprovaram que o quadro foi eficaz e que a motivação impulsionou a busca pelos resultados. A partir do sucesso desse primeiro quadro de sonhos, foram dados quadros a todos os colaboradores, com instrução de uso e adesivos.

São vários os casos semelhantes que poderiam ser relatados aqui. Logicamente, isso não funciona com todas as pessoas porque é necessário acreditar, fazer, ter disciplina, e há crenças limitantes, como "Ah, isso não existe" ou "Não vai acontecer", mas o gestor da Ecoteg é movido por sonhos desde pequeno e sabe fazer acontecer! Sonhador desde que vivia em uma comunidade carente, tomando café com farinha quando não tinha mais o que comer, e mesmo assim ele já pensava em chegar aonde está hoje. Costumo dizer que sonhar pequeno dá o mesmo trabalho que sonhar grande, então é melhor sonhar logo grande!

MURAL DOS SONHOS

NÃO INVISTA APENAS EM INFRAESTRUTURA, INVISTA EM PESSOAS!

A cada dia que passa, o mercado muda para se adequar às necessidades do novo contexto, para acompanhar as constantes mudanças da sociedade. Por muito tempo, acreditou-se que o investimento deveria ser direcionado à parte tangível dos negócios, como a estética e a grandiosidade dos edifícios; entretanto, atualmente, o foco está nas pessoas, em sua formação e capacitação; não apenas na contratação de profissionais de excelência "já prontos", mas também na identificação de potenciais. Os treinamentos, as formações e a educação corporativa estão cada vez mais em alta no mercado, tornando-se prática nas empresas não só para desenvolver talentos, mas para retê-los – em especial depois de tudo o que foi investido.

Esse investimento em pessoas não se restringe à equipe; diz respeito também aos investimentos em atendimento, em aproximação com os clientes e em criação de canais de escuta e relacionamento. As redes sociais tornaram-se um meio bastante importante para a aproximação das marcas com os clientes, e é muito comum que o diálogo entre grandes empresas e seus clientes se dê de maneira bem informal, criando ainda mais afinidade entre ambos – uma ponte que antes não existia. O antigo Serviço de Atendimento ao Consumidor (SAC) está dando lugar à comunicação mais direta e, para lidar com isso, as empresas têm investido em pessoal especializado para executar esse contato de maneira adequada. A sensibilidade para essa aproximação com os clientes é um diferencial muito valorizado e buscado pelas companhias atualmente.

Em diferentes níveis, as empresas mais atentas ao mercado e suas demandas seguem investindo em capital humano. Por mais que as pessoas tenham sua materialidade tangível, os talentos, as potencialidades e a criatividade de cada uma delas são elementos intangíveis. Os colaboradores atuais não buscam apenas um bom salário, mas um ambiente de trabalho que permita seu desenvolvimento constante, no qual possam crescer financeira e profissionalmente. O propósito também tem parte nessa balança, já que esses profissionais buscam trabalhar em empresas preocupadas com as relações interpessoais e com a sociedade de modo geral.

O capital humano é um dos bens mais valiosos de um negócio, é o que move as estruturas, que faz as máquinas funcionarem, que faz a empresa caminhar. É fundamental para o processo de investimento em capital humano que você conheça as pessoas que compõem seu time e desenvolva-as para formar uma equipe consistente e competitiva; todavia, também é preciso retê-las.

A retenção mostra-se mais efetiva quando há investimentos em formação e capacitação, oferta de benefícios e ambiente agradável de trabalho, além de vínculos criados pela aproximação, pela empatia e pela escuta ativa. De certa forma, esse investimento atua diretamente no desempenho e na dedicação desse colaborador no grupo. Eu não tenho a menor dúvida de que o investimento em pessoas é bastante rentável e dá retorno.

Um plano de carreira bem definido também pesa muito na decisão de um colaborador quando precisa optar por ficar ou mudar de emprego. Deixar claras as metas funciona bem para que os colaboradores alinhem suas expectativas às pretensões da empresa, o que afeta de maneira direta o cotidiano e o engajamento deles, pois lhes permite decidir, com autonomia, seu futuro na empresa.

A escolha de se manter em determinado trabalho recai sobre uma série de fatores, como você deve ter percebido. Aproximar-se de sua equipe é um modo de criar uma noção de "pensamento de dono", o que não quer dizer que os colaboradores vão mandar e desmandar em seu negócio, mas que assimilarão os princípios que regem as bases deste, ou seja, eles se sentirão tão parte quanto o próprio dono, se perceberão como elemento fundamental à existência e manutenção do negócio.

SUA EMPRESA PROMOVE TREINAMENTOS?

Uma pergunta comum na mente e na fala de inúmeros empresários é: "E se eu o treinar e ele me deixar?". Muitos acham caro investir na formação técnica e comportamental dos profissionais, mas você já considerou o oposto? E se você não o treinar e ele ficar? Profissionais despreparados são uma das principais causas de um cliente não voltar a comprar em um estabelecimento. Segundo a pesquisa Global State of Multichannel Customer Service Report,[17] desenvolvida pela Microsoft em 2016, 61% dos consumidores consideram o serviço de atendimento ao cliente "muito importante" na escolha da lealdade a uma marca.

Na mesma pesquisa, 80% dos consumidores afirmaram que deixaram de fazer negócios com uma marca em decorrência da experiência ruim de serviço ao cliente. Acreditamos que, fazendo uma reflexão, costuma ser fácil lembrar quantos clientes foram perdidos por mau atendimento ou por falhas semelhantes, mas clareza mesmo só podemos ter fazendo essa medição. Há vários profissionais que são verdadeiros "espanta clientes".

Pense: para ganhar, um time de futebol não treina todo dia? E ainda assim, muitas vezes, perde. Para ser um time, a equipe precisa de interação, reunião, debate, solução e cumprimento coletivo de metas, tudo sempre com o acompanhamento da liderança. A equipe deve estar alinhada na maneira de pensar e agir.

---

17 MICROSOFT. **2016 State of Global Customer Service Report.** *In:* Global State of Multichannel Customer Service Report. [S.I.], 27 maio 2016. Disponível em: https://info.microsoft.com/rs/157-GQE-382/images/dynamics 365-en-global-state-customer-service.pdf. Acesso em: 6 jan. 2022.

Para isso, deve receber da empresa as orientações e informações de que necessita.

E o treinamento é o caminho para transformar as informações em ações coerentes e positivas para a empresa. Ele precisa ter um porquê, e o conteúdo deve estar ajustado às necessidades de desenvolvimento do time para atingir as expectativas da companhia. O ideal é que haja levantamento dos temas e elaboração de um calendário disciplinado que funcione. Lembre-se: isso é para a sua empresa, não para o seu colaborador! É necessário!

Quem vai preparar o treinamento em sua empresa? Creio que essa seja a função do gerente. De um gerente treinador. A empresa pode contratar alguém externo para treinar a equipe, mas essa também pode ser uma atividade interna. E o acompanhamento de desempenho dos colaboradores deve ser feito pelo gestor da equipe.

Cuidado! O profissional deve ser treinado para resolver os problemas do cliente, não os da empresa. Um profissional, quando treinado para focar na solução para a empresa, acaba por priorizar burocracias e processos, deixando de lado a escuta e a atenção que devem ser dedicadas ao pagador das contas da companhia: o cliente.

Como você pôde ver neste capítulo, pessoas são a base de tudo. Não há negócios sem pontes. Nunca foi apenas sobre vendas, dinheiro e números; sempre foi sobre uma pessoa atingindo outra! Para você, leitor, preparei mais algumas dicas e insights sobre como valorizar pessoas e realmente investir nelas.

https://fredrocha.especialistaemvarejo.com.br/video_02

NÃO É SOBRE FAZER O QUE MANDAM, MAS SABER PARA QUE SERVE AQUILO QUE SE ESTÁ FAZENDO.

CAPÍTULO 5

INOVAÇÃO NA PRÁTICA: COMO APLICÁ-LA NO SEU DIA A DIA

Vamos continuar nossa subida? Chegamos ao terceiro degrau, e tenho certeza de que boa parte das pessoas gostaria de atingi-lo: inovação nos negócios. Será que todos conseguem? Inovar é difícil quando não se tem clareza do propósito. A inovação, como falei no princípio, deve ser um facilitador para que o propósito da empresa chegue até o cliente. Trata-se de mudar as características básicas do seu negócio, independentemente de quais sejam, para garantir mais eficiência na entrega.

A partir do momento em que se compreende o poder do propósito, começa-se a inovar o tempo todo, porque a inovação não depende de tecnologia, mas de pessoas. Lembre-se de que o funcionário da empresa deve ser ouvido (suas opiniões e sugestões) para otimizar os processos, facilitar o trabalho e melhorar a entrega ao cliente. Isso é parte de investir em pessoas na prática, não apenas no discurso. Logo, o grande gancho deste capítulo, e o que espero que você internalize e nunca mais se esqueça, é: a inovação deve ser um facilitador para o propósito da empresa chegar até o cliente.

Tenho uma história que ilustra bem o que acabei de dizer. Certa vez, em uma imersão com o objetivo de encontrar propósitos, eu e um grupo passamos o fim de semana inteiro, de sexta a segunda, sem encontrar um. Uma das participantes me procurou e disse que não havia dormido, pois dormir sem propósito era angustiante, e concordei com ela. Após essa conversa, na própria segunda-feira, ela conseguiu encontrar o propósito para sua empresa focada em hospedar pessoas em pequenos domicílios: fazer com que seus hóspedes se sentissem em casa.

No instante em que ela me contou, tive um insight. Lembrei-me de que, ao longo daquele ano, eu experienciara cerca de 180 diárias de hotel, e mais ou menos a mesma quantidade de decolagens. Pensei nas inúmeras brincadeiras feitas comigo sobre eu sempre acordar tarde e frequentemente perder o café da manhã dos hotéis. Eu a questionei: "Seu propósito não é fazer com que as pessoas se sintam em casa? Em casa, a gente toma café na hora que quiser. Por que seu café da manhã não pode ser das 6 horas da manhã ao meio-dia?". Continuei brincando com ela e dando ideias, como colocar um adesivo na geladeira com a frase "Sinta-se em casa, pode fechar a geladeira com o pé!".

Ou seja, a inovação deve ser pensada como facilitadora para que seu propósito seja pleno. E se, como disse, a inovação é feita por pessoas, dê atenção a elas. Quando o funcionário está engajado, consegue identificar os problemas dos clientes, as áreas de atrito, e sugerir ideias para resolver esse problema, melhorar a experiência do cliente e facilitar a efetivação da transação comercial.

Para se ter uma ideia, o Carrefour do Shopping Boulevard, em Belo Horizonte, separa o pão francês mais branquinho do mais torradinho, processo inovador que, com certeza, veio de um colaborador. A inovação ganha destaque, sobretudo, quando é relacionada a atividades até então não vistas. Ainda se associa muito a inovação a ações e criações tecnológicas, porém a definição mais prática de inovar é fazermos algo que já fazíamos, porém de maneira diferente, para facilitar a vida do consumidor.

Outro exemplo interessante de inovação é o cliente escolher a cor da cestinha na loja, indicando se quer ou não ser atendido por um vendedor. A Sephora lançou, em uma de suas lojas nos Estados Unidos, cestinhas nas cores vermelha e preta para facilitar a comunicação entre vendedores e clientes. A vermelha é para aqueles que querem ajuda, e a preta para os que desejam fazer as compras sozinhos — uma ideia simples e fácil de aplicar ao negócio, que poupa o vendedor e o cliente.

Essa ideia já foi, inclusive, replicada em várias outras lojas, por exemplo, na de ferramentas Delupo, em Criciúma (SC), onde, para fazer as compras sozinho, o cliente retira a cesta azul e, se precisa da ajuda de um vendedor, a vermelha. Além disso, a loja conta com um sistema de reconhecimento facial para segurança e, como forma de pagamento, um aplicativo próprio; também há uma "prateleira virtual" e um totem no ponto de venda, no qual é possível realizar a compra. E ainda, se o cliente tem dúvida sobre a escolha do que está comprando, a loja possui uma bancada para testar o produto antes de levá-lo para casa, espaço igualmente utilizado para a produção de vídeos que são publicados na internet com o intuito de apresentar os produtos aos clientes.

Inovação não é só fazer o que todo mundo faz de maneira diferente; deve ser um facilitador para que nosso propósito chegue ao cliente, e realize-se perante ele, de modo que faça sentido para sua empresa. Na prática, isso significa dizer também que não faz sentido meter os pés pelas mãos, investir uma grana que você não tem ou tentar copiar alguém só para dizer que está se movimentando.

Perceba que as empresas com propósitos legítimos, com boa comunicação interna, promovem um ambiente de trabalho mais positivo, divertido, alegre! Todos pensam juntos em como melhorar os processos, o que deixa os funcionários ainda mais felizes. Você já entendeu por que todo mundo é brincalhão? Porque essas pessoas não trabalham com horário rigoroso, preocupação excessiva, cobranças e sentimento de não pertencimento.

Lembre-se de que as inovações não são feitas por tecnologias; são feitas por pessoas que idealizam e realizam o que está internalizado nelas. Mais que isso, funcionários engajados têm poder gigantesco de desenvolver as pequenas inovações porque têm contato direto com o cliente. E, se têm claro o propósito do que fazem, vão tentar de tudo para facilitar sua aplicação e execução, e, para isso, vão se utilizar da inovação.

Com base em tudo o que expus até aqui, tenho uma proposta de exercício para você. Reflita e seja honesto; afinal, só assim será possível identificar e modificar o que for necessário para, então, fazer as coisas de forma diferente e inovadora, tendo sempre o propósito como foco. Responda às questões a seguir, de preferência a lápis, para poder alterar as anotações ao revisitá-las.

HOJE, SEU NEGÓCIO É INOVADOR? SE SIM, DESCREVA O QUE VOCÊ JÁ FEZ ATÉ AQUI.	O QUE VOCÊ PODE FAZER DE IMEDIATO PARA TORNÁ-LO MAIS ATRATIVO?	O QUE AS DEMAIS EMPRESAS TÊM FEITO E CHAMOU SUA ATENÇÃO?	QUAIS SÃO AS IDEIAS INOVADORAS/DIFERENTES QUE VOCÊ PODE ADOTAR A MÉDIO PRAZO?

QUEM ENCONTROU AS RESPOSTAS...

Como você já deve ter percebido até aqui, uma das melhores formas de inovar é baseando-se na conveniência. Vou apresentar mais um negócio que exemplifica bem o que acabei de afirmar, o da Regina Picadinhos, loja que conheci em Ribeirão Preto (SP).

Há mais de catorze anos trabalhando em feiras livres pela cidade, Regina notou em seus clientes a necessidade e a procura por produtos mais práticos. Enxergou uma grande oportunidade e se propôs a fazer diferente do que todos faziam: decidiu oferecer verduras e legumes "picadinhos", minimamente processados, higienizados, selecionados e prontos para consumo. Ou seja, mais que perceber uma oportunidade, ela entendeu de que os consumidores precisavam.

De acordo com a necessidade de cada cliente, Regina preparava as bandejas e os kits personalizados. Alguns queriam pimentão, outros não podiam comer cenoura, outros já queriam um kit pronto para a sopa de sua dieta e, desse modo, cada cliente foi ganhando seu espaço e auxiliando na decisão da montagem de cada pedido. Nem é preciso dizer que a satisfação dos clientes se tornou cada vez maior e refletiu diretamente no negócio. Não há nada mais impactante para uma empresa que a avaliação positiva e orgânica por parte dos clientes.

Além de fiéis consumidores, eles se tornaram verdadeiros conselheiros, fornecendo críticas e sugestões. Regina se propôs a aprimorar cada vez mais seus produtos e se tornou referência na cidade de Ribeirão Preto e região. Com o crescimento e a fidelização dos clientes, Regina deparou-se com a necessidade de expandir seu negócio, de abrir uma loja especializada. Surgiu, assim, a Regina Picadinhos, localizada no Novo Mercadão da Cidade. E não demorou muito para abrir a segunda loja. Além disso, ela recebe pedidos pelo site no qual é possível montar um kit personalizado de acordo com a quantidade de produtos desejada.

Lembra-se da importância de surpreender os clientes, entregar valor, não só o produto e muito menos apenas preço? No site, é possível encontrar várias receitas que os clientes podem utilizar com os produtos e os kits vendidos pela loja. A Regina Picadinhos é um excelente exemplo prático do que acredito ser inovação aplicada à sua realidade e para atender a uma demanda específica.

Você já respondeu o que faria de diferente no seu negócio, mas não se trata apenas de fazer diferente; precisa ser verdadeiramente útil às pessoas – isso é INOVAÇÃO na prática. Quer saber um pouco mais sobre minha visão de inovação aplicada aos negócios nos dias de hoje? Preparei um vídeo exclusivo para você que chegou até aqui.

https://fredrocha.especialistaemvarejo.com.br/video_03

NÃO PERGUNTE AOS CLIENTES O QUE ELES DESEJAM! APRENDA A PERCEBER, A IDENTIFICAR COMO PODERIA FAZER A DIFERENÇA NA VIDA DELES.

PORTAS FECHADAS

Aqui chegamos exatamente ao meio da escada, fechando o terceiro degrau, depois de entender também a importância de REEMPREENDER. O fato é que, infelizmente, nos últimos anos, milhares de negócios estão fechando as portas ou encerrando suas operações por não terem se dado conta das transformações que ocorreram e estão ocorrendo no Brasil e no mundo.

Para se ter uma ideia do que estou dizendo, vou apresentar alguns números que nos ajudarão a compreender melhor esse cenário. Minha intenção não é desestimular ninguém, muito menos dar embasamento aos pessimistas de plantão, mas alertá-lo, porque ainda dá tempo e sua empresa não precisa fazer parte dessas estatísticas!

Agora você já tem noção do que precisa mudar para que seu negócio não morra. É claro que ainda faltam alguns degraus e muitas informações, mas escolhi fazer esse alerta nesse momento para impactar e mostrar que, se sua empresa ainda está respirando, mesmo que com a ajuda de aparelhos, dá tempo de mudar essa realidade e colocá-la de novo no caminho do faturamento e do destaque. E, caso nunca tenha alcançado esse destaque antes, ótimo! Vamos trabalhar para você sentir o sabor da realização e da satisfação plena!

Vamos aos números! Segundo o levantamento Demografia das Empresas e Empreendedorismo

2017,[18] as empresas que fecharam as portas no Brasil representam um número maior do que daquelas que abriram no período entre 2014 e 2017. Nesses anos de saldos negativos consecutivos, o Brasil perdeu 316.680 empreendimentos.

Em relação ao empreendedorismo, em 2017, o número de empresas de alto crescimento (20.306) foi o menor desde 2008 (30.954) – o maior foi registrado em 2012 (35.206). Entre 2016 e 2017, houve redução do número de empresas de alto crescimento, tanto em termos absolutos (692 empresas) quanto relativos (3,3%).

De acordo com um estudo elaborado pela FecomercioSP, com base na Pesquisa Anual do Comércio, a crise que abalou a economia brasileira há alguns anos impactou significativamente os pequenos negócios do setor varejista. Entre 2013 e 2017, 98.490 micros, pequenas e médias empresas (MPMEs) varejistas fecharam as portas.[19] Com isso, a quantidade de pequenos

---

18 DEMOGRAFIA das Empresas e Empreendedorismo 2017: taxa de sobrevivência foi de 84,8%. **Agência IBGE Notícias**, 17 out. 2019. Disponível em: https://agenciadenoticias.ibge.gov.br/agencia-sala-de-imprensa/2013-agencia-de-noticias/releases/25738-demografia-das-empresas-e-empreendedorismo-2017-taxa-de-sobrevivencia-foi-de-84-8. Acesso em: 7 jan. 2022.

19 ESTUDO aponta que participação das MPMEs, no faturamento geral do varejo, tem aumentado. **FecomercioSP**, 3 fev. 2020. Disponível em: https://www.fecomercio.com.br/noticia/estudo-aponta-que-participacao-das-mpmes-no-faturamento-geral-do-varejo-tem-aumentado. Acesso em: 7 jan. 2022; CRISE fecha as portas de quase 100 mil pequenas empresas varejistas no país. **FecomercioSP**, 4 fev. 2020. Disponível em: https://www.fecomercio.com.br/noticia/crise-fecha-as-portas-de-quase-100-mil-pequenas-empresas-varejistas-no-pais. Acesso em: 7 jan. 2022.

estabelecimentos que atuam no varejo foi reduzida em 7,1%.

As MPMEs são 96,7% das empresas do setor e, em 2017, somavam 1.285.000 de estabelecimentos. A título de comparação, no mesmo período, o impacto sobre as grandes empresas varejistas foi menor, com redução de 3,8% no número de estabelecimentos.

Com dados referentes a 2013, ano que antecede o surgimento da crise, e 2017, o levantamento aponta o impacto do ciclo recessivo sobre os pequenos negócios varejistas em termos de faturamento, pessoal ocupado e volume de salários pagos, além do número de estabelecimentos que compõem o setor. O estudo classifica as MPMEs no conceito de empresas com até dezenove funcionários.

Ao analisar os dados do comércio entre 2008 e 2017, o IBGE identificou uma mudança na estrutura do setor, com alteração da participação das três principais atividades comerciárias no país. No início da década, segundo o IBGE, o atacado respondia por 44,4% do comércio no Brasil. Ao final, o varejo assumiu a liderança, com 45,5%.

O Estado de São Paulo, maior polo industrial do país, registrou o fechamento de 2.325 indústrias de transformação e extrativistas nos primeiros cinco meses de 2019. O número é o mais alto para o período na última década e 12% maior que 2018, de acordo com a Junta

Comercial. Entre as empresas que fecharam fábricas em 2019 estão PepsiCo/Quaker (RS), PepsiCo/Mabel (MS), Kimberly-Clark (RS), Nestlé (RS), Malwee (SC), Britânia (BA) e Paquetá (BA).

E não para por aí. Os pedidos de falência no Brasil cresceram 59,8% no segundo semestre de 2019 em comparação com o mesmo mês (setembro) de 2018, segundo dados da empresa de análise de crédito Boa Vista. Fundamentado em dados da base da Boa Vista e de fóruns, varas de falência e diários oficiais pelo país, o levantamento mostra que as falências decretadas também apresentaram alta, de 16,5%, na comparação anual nesse mesmo período.[20]

Seja por atraso tecnológico ou por descumprirem a proposta apresentada, algumas marcas de relevância declararam falência nos últimos anos. Da mesma forma que muitas empresas souberam como "pegar essa onda", várias outras não conseguiram se adaptar às mudanças e "morreram na praia".

O Brasil tinha, em 2017, 4.458.678 empresas, com 38,4 milhões de pessoas ocupadas, sendo 31,9 milhões na condição de assalariadas e 6,5 milhões de sócios ou proprietários, de acordo com dados divulgados

---

20 GREGORIO, R. Pedidos de falência crescem 60% em setembro e acumulado do ano "vira" para alta de 1,8%. **Valor Investe**, 2 out. 2019. Disponível em: https://valorinveste.globo.com/objetivo/empreenda-se/noticia/2019/10/02/pedidos-de-falencia-crescem-60percent-em-setembro-e-acumulado-do-ano-vira-para-alta-de-18percent.ghtml. Acesso em: 7 jan. 2022.

pelo IBGE na pesquisa Demografia das Empresas e Empreendedorismo 2017. Ainda segundo o estudo, a taxa de sobrevivência das companhias, ou seja, as que permaneceram abertas após ao menos um ano, ficou em 84,8%. Sim, é assustador! O levantamento considera somente as entidades empresariais, excluindo todos os órgãos públicos, empresas públicas, entidades sem fins lucrativos, Microempreendedores Individuais (MEIs) e Organizações Sociais (OSs).

Muitos são os imprevistos que podem surgir e desequilibrar uma empresa. Mais recentemente, com a crise gerada pela pandemia da covid-19, entre 2020 e 2021, no Brasil, quase 600 mil empresas fecharam as portas, na maioria negócios de menor porte e que contavam com até cinco funcionários.[21]

E o que fazer diante de tudo isso? Calma, sem desespero, vamos continuar subindo a escada. É impossível prever o imprevisível, mas devemos fazer tudo o que está ao nosso alcance para nos manter preparados para lidar com as adversidades que podem surgir pelo caminho.

Na contramão da crise, vários setores e empresas cresceram — e muito. Por quê? A resposta rápida

---

[21] VIECELI, L.; FRAGA, E. Quase 600 mil empresas fecham as portas e dificultam recuperação do emprego. **Folha de S.Paulo**, 18 set. 2021. Disponível em: https://www1.folha.uol.com.br/mercado/2021/09/quase-600-mil-empresas-fecham-as-portas-e-dificultam-recuperacao-do-emprego.shtml. Acesso em: 7 jan. 2022.

é que esses negócios já haviam percebido algumas tendências do mercado, investido antes no intangível, em desenvolver seu real propósito, e estavam prontos para se adaptar rapidamente à crise que bateu à porta de forma inesperada. Esse é o ponto! É preciso estar pronto da porta para dentro. Desse modo, aconteça o que acontecer do lado de fora, você será forte o suficiente para enfrentar e não ser derrubado – como acontece com a maioria.

CAPÍTULO 6

TECNOLOGIA COMO MEIO, E NÃO FIM

A tecnologia já faz parte dos nossos negócios, mas há algum tempo na atualidade passou a ser um dos meios mais importantes para conseguirmos chegar aos nossos clientes. Veio para ficar e, principalmente, para ajudar! Muitas pessoas ainda resistem a ela por não terem tido contato ou aprendido a usá-la, mas tecnologia só se aprende com prática. Portanto: use! Use! Use! Use!

Ao analisarmos vários pontos de um negócio, podemos observar que a tecnologia não é fundamental para que a venda aconteça, mas se faz insubstituível pelas possibilidades que oferece de levar seu propósito a mais pessoas. É no alcance e na projeção do negócio que ela se faz primordial. Atender a dois clientes é possível sem tecnologia, mas e para atender a 1 mil ou a 2 mil?

Observe que, apesar de vivermos em um mundo altamente conectado e, de certa forma, individualista e virtual, todos buscamos certo grau de intimidade e convivência. Quantas vezes você opta por comprar em determinada loja em função do atendimento de um vendedor que já conhece suas preferências? Relações de confiança são fortes e necessárias, independentemente da plataforma escolhida.

A tecnologia não é fundamental para vender, mas pode auxiliar em muitos pontos para uma venda mais efetiva. Por exemplo, analisar dados para conhecer melhor os consumidores (*big data*) ou gerenciar os dados da empresa e fazer diagnósticos para reduzir custos e aumentar a produtividade (*Enterprise Resource Planning* – ERP). Ou seja, precisamos da tecnologia para vender mais e melhor!

Além de contribuir para a logística, o gerenciamento de pedidos com fornecedores, o rastreio e os preços, os dados possibilitam conhecer minuciosamente as especificidades de cada consumidor, algo inimaginável sem a tecnologia. Por isso, ela deve ser aproveitada para contribuir, aproximar e estreitar as relações entre loja e cliente. Com a gestão de dados, é possível criar campanhas de marketing cada vez mais personalizadas, com relevância e que contribuam para a experiência do consumidor. Assim, o encantamento pela marca acontece e, como consequência, aumentam o engajamento e a fidelização.

Costumo citar em minhas palestras que **a tecnologia não deve ser vista como fim, mas como meio.** O que isso quer dizer? Que não deve ser o seu objetivo, e sim a forma de atingi-lo. O meio para levar seu propósito a mais pessoas! Simples, certo? Claro que não! No entanto, a partir do momento em que você passa a entender que a tecnologia é um facilitador no seu negócio, agindo para que seu propósito, seus produtos e seus serviços cheguem a mais clientes mantendo a qualidade, ela deixa de ser encarada como um problema ou uma dificuldade e passa a ser vista como deve ser: uma parceira indispensável.

Lembre-se de que, por trás de cada computador ou smartphone, há uma... pessoa! E isso significa que cada clique recebido é gente, e gente compra. Precisamos entender que o virtual também é um meio de visitação, atendimento e compra do cliente. Cada ponto de contato com ele deve promover uma experiência completa e surpreendente. Pare de tentar trazer o cliente para a sua loja; atenda-o onde ele quiser e for mais conveniente para ele.

E se você está balançando a cabeça e afirmando que não utiliza "nenhuma" tecnologia em seu negócio... quer ver como usa e nem se dá conta disso?

- Você utiliza algum sistema de gestão na empresa?
- Instalou câmeras de segurança internas ou externas?
- Automatizou alguma parte de um processo de produção interna?
- Utiliza algum *chatbot* ou mecanismo de resposta automática em suas redes sociais ou no site da empresa?
- Atende por WhatsApp ou por outras ferramentas de troca de mensagens?

LISTE AQUI O QUE MAIS VOCÊ UTILIZA NO DIA A DIA E O AJUDA A GANHAR ESCALA, TEMPO E PRODUTIVIDADE:

TECNOLOGIA COMO MEIO, E NÃO FIM

ESCALA E SOLUÇÃO

A tecnologia deve ser utilizada por dois motivos: para facilitar os processos e a rotina do empreendedor e para ampliar o potencial do seu negócio, ou seja, levar o propósito dele a mais pessoas. Como você a tem usado?

Faço aqui um parêntese porque é importante entender a diferença entre os conceitos de automação e automatização. Automação é o nome dado a mecanismos autorreguláveis. São ferramentas que corrigem e comandam o funcionamento desses mecanismos sem necessidade de interferência humana. Automatização é quando o mecanismo depende da interferência humana para fazer correções. Um bom exemplo é compararmos ventilador e ar-condicionado. O ar-condicionado faz ajustes de funcionamento a partir das medições realizadas; portanto, pode ser classificado como automação. Já o ventilador depende da ação humana para qualquer ajuste em seu funcionamento, uma automatização.

Há várias formas de adotar a tecnologia em seu negócio, como você já deve ter percebido. Na gestão, a mais comum é a adoção de sistemas com funções como cadastro, estoque, emissão de nota fiscal e organização das finanças. Contudo, é fundamental saber que existe outro conjunto de capacidades igualmente importantes que devem fazer parte dos softwares a serem adotados. Procure um que resolva não apenas seu estoque e suas finanças, mas que tenha novas possibilidades.

Em minhas palestras, gosto muito de contar a história da Uber como exemplo de negócio que tem elo muito forte com a tecnologia. A ideia para a criação da Uber teria surgido numa noite fria de inverno em Paris, no instante em que os dois criadores do serviço, Garrett Camp e Travis Kalanick, procuravam um táxi e não encontravam. O ponto de partida, a ideia inicial, era criar uma forma de pedir algo parecido com um táxi pelo celular. O que os criadores da Uber queriam quando decidiram criar o aplicativo? Resolver os problemas de locomoção das pessoas, de quem queria ir de um lugar a outro e precisava ser atendido, mas não encontrava opções ao redor. Mais que isso, queriam resolver o problema das pessoas que tinham carro e tempo livre, ou que estavam desempregadas e precisavam de dinheiro.

O que eles fizeram? Juntaram esses dois grupos e resolveram os problemas de ambos. Você pode pensar: mas é um aplicativo, um aparato tecnológico. Concordo, porém o propósito é ajudar essas pessoas: de um lado, as que precisam se locomover; de outro, as que têm o veículo e precisam de dinheiro. Em um mesmo aplicativo, unem-se os dois grupos de pessoas — a tecnologia é só um meio.

A Uber tem um lastro tecnológico, e o usuário consegue fazer tudo pelo aplicativo, seja motorista ou passageiro, mas seu propósito é fazer as pessoas se locomoverem, e foi assim que a empresa revolucionou o mercado. Além disso, gera uma opção de trabalho a milhares de pessoas desempregadas. Ou seja, uma única empresa apresenta várias soluções – além do faturamento – que auxiliam a sociedade.

O UNIVERSO ON-LINE E SUAS INFINITAS POSSIBILIDADES

A venda não presencial, diferentemente dos Estados Unidos, ainda é jovem no Brasil. Apesar de não haver confirmação oficial, a Booknet é considerada a primeira loja virtual brasileira.[22] Criada em 1995 pelo empreendedor e pioneiro Jack London, o site era um retrato clássico dos avanços tecnológicos da época. Quatro anos depois do início da jornada com a Booknet, outros players entraram em cena, como o Mercado Livre, versão brasileira do eBay. Entretanto, o estabelecimento das vendas não presenciais se deu apenas a partir dos anos 2000, quando a internet começou a se popularizar. Nos últimos tempos, as mudanças no perfil do consumidor impulsionaram esse tipo de venda, e ela passou a ser estratégica e fundamental para o crescimento das empresas.

---

22 SAMPAIO, D. O que é e-commerce? Tudo o que você precisa saber para ter uma loja virtual de sucesso! **Rockcontent**, 9 out. 2019. Disponível em: https://rockcontent.com/br/blog/e-commerce-guia/. Acesso em: 7 jan. 2022.

As vendas não presenciais acontecem de duas formas: venda automatizada, por meio de um sistema no qual a empresa dissolve as objeções do cliente, permitindo-lhe fechar o negócio sem a intervenção de uma pessoa (e-commerce, marketplace, loja virtual e aplicativos); e venda não presencial assistida, não automatizada, que acontece por meio de atendimento humano, por exemplo, vendas por WhatsApp e por telefone. Esse segundo tipo de venda aproxima-se do presencial, tendo em vista que o papel de gerar informação, negociar, dissolver objeções e apoiar o fechamento da venda é feito por intermédio de atendimento humano.

Muitos ainda acreditam que o e-commerce é uma nova tecnologia, mas é muito mais que isso, envolve toda uma nova cultura de relação com o cliente. O que isso significa na prática? Que o conceito de e-commerce vai além da criação de um site; ele digitaliza integralmente dois processos básicos: venda e atendimento ao cliente. Logo, não é difícil presumir que, para o sucesso desses processos, é necessário investir em relacionamento, no sentido literal da palavra.

Para que essa relação possa ser construída, agora a distância, gerando valor para seu negócio e entregando conveniência, é preciso se preocupar ainda mais com a experiência do cliente. É ela que dará a sustentação para que esse contato e essa troca se estabeleçam, mesmo que todos os processos se deem de forma digital.

Infelizmente, não é dificíl constatar que muitas empresas pecam em inúmeros fatores quando o assunto é o relacionamento com os clientes. Má recepção, demora, insistência e falta de tato são alguns exemplos de condutas inadequadas que fazem com que o consumidor saia correndo da sua loja – virtual ou física.

Ou seja, não se trata apenas de tecnologia, e sim de nova cultura comercial. Para vender na internet é preciso acreditar. Como falamos antes sobre os intangíveis, o acreditar no que não se pode tocar é primordial. Clique é cliente que compra!

Agora que você já entendeu para que serve efetivamente a tecnologia, que tal aprofundar um pouco mais? Preparei um vídeo exclusivo sobre o tema. Assita a ele e, em seguida, conte-me – pode ser por meio das minhas redes sociais – o que mudou na sua rotina depois de fazer essas descobertas e se você passou a adotar a tecnologia de forma mais natural e conveniente para seu negócio.

https://fredrocha.especialistaemvarejo.com.br/video_04

RELAÇÕES DE CONFIANÇA SÃO FORTES E NECESSÁRIAS, INDEPENDENTEMENTE DA PLATAFORMA ESCOLHIDA POR SEU CLIENTE PARA COMPRAR DE VOCÊ.

CAPÍTULO 7

COMUNICAÇÃO: CONTE AO SEU CLIENTE COMO VOCÊ PODE AJUDÁ-LO

Jamais se falou tanto e nunca se ouviu tão pouco. Em geral, empresas estão mais preocupadas com o excesso de propagandas e o bombardeamento de informações do que com as reais necessidades dos clientes. E hoje ninguém mais compra pura e simplesmente por um comercial ou marketing bem elaborados; as pessoas querem ter certeza do que estão fazendo, de suas escolhas, do que de fato estão adquirindo, antes da decisão final.

Além disso, é o modo como o negócio é comunicado e sana a dor do cliente que fará dele um admirador e parceiro, levando-o ao consumo frequente, além de transformá-lo em um propagador da marca, o que não tem preço para qualquer negócio.

Após descobrir o propósito da sua empresa, engajar os colaboradores e conseguir escalar seu alcance, o próximo passo, o próximo degrau, é aprender a comunicar. É preciso direcionar o que será comunicado para colher a venda. A internet está repleta de recursos que podem e devem ser aproveitados para aumentar o alcance da sua marca. O uso de comunicação adequada fará seu negócio ser mais visto por quem realmente importa. Logo, você atenderá mais.

Todos os passos da escada até aqui promoveram o fortalecimento da sua marca e a ampliação do relacionamento com o cliente para que chegássemos neste que, para todo empreendedor, é o ponto forte: A VENDA!

O dito popular "a comunicação é a alma do negócio" é amplamente utilizado, mas não praticado. São poucos os que conseguem dimensionar o que isso significa na prática. Sempre tivemos uma dificuldade natural em anunciar, em nos comunicar e até em vender. Quantas vezes você vê excelentes produtos, porém mal descritos, ou recebe um atendimento que deixa a desejar?

O fato é que não adianta mais investir em prédios para ficarem vazios. As empresas estão aprendendo a fazer mais comunicação, mas ainda há um problema: estão fazendo errado, porque só comunicam preço e produto. Nunca na história da humanidade houve tanta propaganda ignorada pelo consumidor, porque continuamos a insistir em só vender preço e produto.

É fundamental compreender o papel do imediatismo da internet nesse processo. É necessário aprender a lidar com as objeções digitais, e isso pode ser feito por meio da comunicação. A empresa precisa inserir o máximo de informação no cadastro de um produto em uma venda automatizada para que o cliente saiba exatamente o que está adquirindo, mesmo sem ter tido contato presencial com o produto.

Então, para que serve a comunicação? A comunicação serve para contar às pessoas como podemos ajudá-las. E, compreendido isso, chegamos a um ponto crucial para dar continuidade ao aprendizado: entender a diferença entre os conceitos de comunicação e propagação. Sim, são distintos! Comunicar é como conto o que sou, o que faço pelas pessoas, o que vendo. Propagar é impulsionar, é levar essa comunicação a mais pessoas, o que depende de instrumentos específicos.

"Fred, como devo desenvolver essa comunicação?" A publicidade, atualmente, só vende preço e produto, o que não dialoga mais com o consumidor. A propaganda deve servir para contar ao consumidor como seu negócio pode ajudá-lo. São os benefícios que chamam a atenção e garantem o interesse, não apenas as características e vantagens.

A forma como o negócio resolve o problema do cliente fará dele um admirador e parceiro, levando-o ao consumo frequente. Então, conte a ele como você pode ajudá-lo! Não seja só preço e produto. Claro que você precisa ter seus produtos e as condições promocionais periodicamente expostos, mas esse não deve ser o foco. Quando se trata de redes sociais, como o próprio nome diz, buscamos estabelecer um relacionamento social, não comercial.

Nesse sentido, jamais se esqueça de que seu propósito deve estar em tudo o que você faz, sobretudo na maneira como o comunica e o faz chegar até seu público. Por isso, valorize a clareza e a simplicidade na comunicação. Em uma venda não presencial, sempre comunique como se fosse a primeira vez que o cliente está tendo contato com seu produto, mesmo que se

JAMAIS SE ESQUEÇA DE QUE SEU PROPÓSITO DEVE ESTAR EM TUDO O QUE VOCÊ FAZ, SOBRETUDO NA MANEIRA COMO O COMUNICA E O FAZ CHEGAR ATÉ SEU PÚBLICO.

trate de algo comum como uma garrafa de água. Explique todos os detalhes a ele. Sobre qualquer produto! SEJA ÓBVIO e simples.

Veja o exemplo de um supermercado no interior do estado de Goiás, que tive o prazer de conhecer. Muito além de tão somente gravar as ofertas, anunciando apenas o produto e o preço, a empresa faz um testemunhal de rádio, mais ou menos assim:

> Olá, Dona Maria, tudo bem? Eu sei que o seu dia está bem pesado! Além de trabalhar, a senhora cuida das crianças, da casa, de um tanto de coisas. Deixe-me contar, agora o Supermercado João tem uma novidade. É o seguinte, a senhora pode mandar uma lista do que precisa no WhatsApp e receber no mesmo dia em casa. Anote o nosso número!
>
> Quero lembrá-la também de que domingo é dia de almoço em família! A gente fica aberto até as 14h, mas chega um pouco mais cedo, porque quem chega entre 12h30 e 13h já não pega a cervejinha tão geladinha. Venha às 11h para garantir a sua cerveja gelada para o almoço de domingo.

Uma comunicação efetivamente voltada para contribuir na vida das pessoas, para contar o propósito da empresa, percebe? O problema que temos visto é, como já disse, a comunicação usada só para vender preço e não para contribuir, de fato, com o consumidor.

Aqui ainda cabe um alerta. O preço pode estar envolvido, sim, na comunicação. Afinal, é fato que há empresas que têm como propósito vender a "um preço baixo", e tudo bem quanto a isso. Todavia, caso essa seja uma decisão estratégica, essa empresa não vai entregar mais que isso. Em contrapartida, o consumidor que busca exclusivamente o preço na hora da compra por certo está ciente de que não pode exigir conveniência, relacionamento com a loja, atendimento personalizado e rápido, conforto ou outras características comuns a empresas que investem nesses pontos.

Perceba que, ao optar por seguir esse caminho, esse empresário não pode reclamar de margem, porque se propôs a abrir mão dela para conseguir chegar naquele preço, e não há milagre. Não existirão outros valores desenvolvidos pela marca, percebidos e destacados por seus clientes, apenas o preço.

SIM, A OPINIÃO DOS OUTROS IMPORTA!

Precisamos falar das indicações e referências. A gente sempre consumiu em função da opinião do outro. Isso também se digitalizou. Grande parte das empresas têm, hoje, uma forma de avaliação na qual é possível dar "estrelinhas", atribuir nota e deixar um comentário, o que é fundamental para a escolha final entre uma empresa e outra.

Atualmente, vivemos num mundo em que a comunicação é de extrema importância, e fazer bom uso dela é essencial. Nós, seres humanos, somos seres sociais, já dizia Aristóteles, e um dos suportes que possibilita a vida em sociedade e sua plena manutenção é a comunicação. O princípio básico do ato de comunicar é a emissão de uma mensagem e seu entendimento pelo receptor, correto? Correto! Porém, com a popularização da internet, com o acesso às redes sociais e aos smartphones, as possibilidades de comunicação e de emissão e recepção de mensagens por mais pessoas ganharam destaque também no mundo dos negócios.

O que quero dizer com isso? Que você, caro leitor, ao oferecer um produto ou serviço, deve estar atento aos feedbacks dos clientes; precisa levar em consideração aquilo que eles têm a dizer sobre o que você está oferecendo.

As redes sociais, além de integrarem pessoas de várias partes do mundo e de promoverem encontros, servem como um meio de comunicação bastante eficiente no mundo dos negócios. Hoje, Facebook, Instagram, Twitter, Snapchat e as demais plataformas são também canais de comunicação entre clientes e empresas, espaços cada vez mais utilizados para o marketing e para entender melhor o comportamento dos clientes.

Para toda comunicação, são necessários um emissor, uma mensagem e um receptor. Nas redes sociais, isso se dá de modo muito mais abrangente. Há vários canais pelos quais um cliente pode se comunicar, alguns especializados no assunto, como o Reclame Aqui, que está se internacionalizando, o Ebit, ou mesmo os perfis individuais das redes sociais. Em muitas lojas on-line, há um espaço previsto para os clientes deixarem sua opinião sobre o produto e o serviço, relatarem sua experiência de compra, além de qualificarem com as já conhecidas "estrelinhas".

Quando você faz qualquer busca de produto ou serviço no Google, em geral as avaliações aparecem com os resultados. Muitas vezes, antes mesmo de entrar no site, você já sabe quantas estrelas as pessoas atribuíram àquele produto ou serviço, além de comentários e avaliações mais aprofundadas.

O mundo mudou, o jeito de consumir mudou, as pessoas mudaram, e elas têm voz e espaço para avaliar, emitir opiniões, reclamar, elogiar, criticar e oferecer sugestões. O boca a boca continua a existir e a ser importante, mas com alguns elementos diferentes; agora, ele se faz também pela internet, por meio das diversas plataformas, e a opinião dos clientes tem abrangência maior. Conseguir boas avaliações e "estrelinhas" pode significar mais vendas para você, mais lucro.

O Reclame Aqui (www.reclameaqui.com.br), por exemplo, funciona com quase a mesma relevância do Procon. É um canal direto de comunicação entre o cliente e as empresas, no qual são expostos os históricos de reclamações e as respostas a elas. Quando pesquisamos no Google qualquer site de compras, o perfil da empresa no Reclame Aqui normalmente aparece logo na primeira página dos resultados de busca, o que permite ao usuário o acesso a informações sobre o que a empresa oferece e como se relaciona com seus clientes.

Chacrinha dizia "Quem não se comunica se trumbica", e concordo com ele. A comunicação é fundamental para que você se mantenha próximo de seus clientes, para que entenda o que eles querem, para que os conheça. Ler ou ouvir o que eles têm a dizer é muito importante, pois assim você poderá oferecer mais que um produto; oferecerá uma experiência, já que entenderá melhor o que eles buscam e de que precisam.

Como comentei, o preço não é mais o principal ou o único fator de decisão numa compra; os clientes estão atentos a vários outros fatores, como o propósito. Por meio desses canais, especialmente pelas redes sociais, é possível conhecer seus clientes e se aproximar deles. Mais que os dados relativos às preferências pessoais produzidos pelos perfis do Facebook ou do Instagram, essas plataformas servem para fazer marketing e são pontes de comunicação direta com os clientes.

Várias empresas têm perfis nas principais redes sociais e se comunicam diretamente com seus clientes, por exemplo, a Netflix, o Magazine Luiza, o Itaú, a Natura, o Pão de Açúcar, entre outras tantas. Em algumas situações, as interações entre as empresas e os clientes destacaram-se de tal forma que evidenciaram a atenção e o carinho despendidos. Por outro lado, casos de clientes insatisfeitos com produtos adquiridos de grandes marcas, que relataram sua indignação em seus perfis pessoais, também viralizaram nos últimos anos. Não é só a imagem negativa que merece atenção, mas como as empresas conseguiram contornar essas situações. Muitas vezes, essas também são oportunidades de se aproximar do cliente e identificar possíveis erros cometidos em alguns processos.

Lembre-se, ainda, de que você também não pode deixar de lado a comunicação interna. Criar um ambiente em que os colaboradores se sintam à vontade para falar e se expressar é fundamental para valorizar a comunicação de maneira geral. Não adianta criar pontes com os clientes se isso não for feito dentro do próprio negócio. Um ambiente propício ao diálogo estimula a criação de conexão entre os colaboradores e, consequentemente, chegará até o cliente.

Veja, a seguir, uma dica simples, mas que funciona, para se comunicar com seu público — atual ou futuro — por meio da construção de um anúncio ou arte.

Se conseguir fazer o básico bem-feito, os resultados vão melhorar, e as ações e iniciativas mais complexas passarão a ser uma consequência desse trabalho, não um foco de preocupação.

Dica para criar o anúncio ideal:

- Seja objetivo.

- Seja óbvio e claro – repare que são duas coisas diferentes.

- Foque em despertar o interesse: o que prenderia a atenção de quem poderia consumir seus produtos ou serviços?

- Ajuste o texto ao meio que será utilizado. Nada de copiar e colar! Observe as particularidades de cada meio no qual a mensagem será distribuída.

- Use uma boa imagem. Por incrível pareça, muitas pessoas erram feio ao escolher uma foto ou uma imagem para acompanhar o texto e reforçar a mensagem. A estética também é importante. Preocupe-se com os aspectos visuais da sua comunicação.

Atenção! O objetivo do anúncio é chamar a atenção do cliente e instigá-lo a procurar outro meio com interação mais completa. Para isso, é possível adotar o QR Code como forma de conectar o mundo real ao virtual – como fiz várias vezes neste livro.

O PODER DA PROPAGAÇÃO

Agora que você aprendeu a comunicar, vou ensiná-lo a propagar. O marketing tem o poder de potencializar e escalar o propósito da sua empresa e, para isso, é preciso estar em diversos meios – e hoje a internet é crucial. É necessário ter PRESENÇA na internet! Esse é o principal lugar para sermos encontrados, o ponto de contato com o cliente.

Ao definir os pontos de contato interativos com o cliente, é importante definir o volume de energia a ser impresso em cada um deles. Cada canal precisa ter poder de filial, precisa ter poder de loja. Seja WhatsApp, Google Meu Negócio ou Instagram, qualquer ponto em que você interagir com o cliente deverá ter autonomia e fornecer todas as informações necessárias para ajudá-lo a tomar sua decisão.

Tenho uma nova proposta de exercício. Você pode achar que é besteira, mas garanto que não está perdendo tempo quando pensar em tudo o que fez e que ainda pretende fazer pela sua empresa. Ao contrário, com exercícios relativamente simples, você pode encontrar respostas e caminhos valiosos.

LISTE OS PONTOS DE CONTATO QUE SUA EMPRESA OFERECE HOJE AOS CLIENTES.	COMO ESSES PONTOS E, SOBRETUDO, SUAS REDES SOCIAIS SÃO GERIDAS?	ATUALMENTE, QUAIS SÃO OS PRINCIPAIS RESULTADOS OBTIDOS POR MEIO DE SUAS REDES SOCIAIS?	FAÇA UMA PESQUISA SOBRE AS PRINCIPAIS REDES DE CONTATO E LISTE AS QUE VOCÊ ACREDITA QUE POSSAM SER UTILIZADAS PELA SUA EMPRESA.

COMUNICAÇÃO: CONTE AO SEU CLIENTE COMO VOCÊ PODE AJUDÁ-LO

Como a ideia é priorizar a comunicação efetiva que gera resultados, assista ao vídeo que preparei exclusivamente para nos aprofundarmos nesse tema e faça comentários diretamente nele. O que você está achando de tudo o que falei até aqui?

https://fredrocha.especialistaemvarejo.com.br/video_03

SE CONSEGUIR FAZER O BÁSICO BEM-FEITO, OS RESULTADOS VÃO MELHORAR, E AS AÇÕES E INICIATIVAS MAIS COMPLEXAS PASSARÃO A SER UMA CONSEQUÊNCIA DESSE TRABALHO, NÃO UM FOCO DE PREOCUPAÇÃO.

CAPÍTULO 8

CLIENTE: O MAIS NOVO INTANGÍVEL DE TODOS

embra-se do que falamos sobre o intangível? Até aqui, como você já deve ter percebido, todos os valores tratados foram intangíveis: propósito, desenvolvimento de pessoas, inovação, tecnologia e comunicação. Todos eles nos guiaram e nos prepararam para chegar ao último e mais importante degrau: o cliente – razão de todos os esforços. Nesse ponto, ele já efetivou a compra.

Tudo o que foi trabalhado até o momento forma o fluxo intangível que leva o propósito a quem verdadeiramente precisa dele, seu cliente. E, para que isso se dê da melhor maneira possível, é preciso transformar cada ponto de contato com o cliente em uma espécie de filial. O que isso significa? Dar poder de filial ao Instagram, por exemplo, para que, por intermédio desse canal, haja autonomia para acompanhar as jornadas de compra que eventualmente surgirem nele. E fazer o mesmo com os vários outros canais de interação com o consumidor.

O caminho que percorremos até agora segue a fórmula:

> **TER UM PROPÓSITO + USAR MINHA PARCERIA COM AS PESSOAS PARA LEVAR O PROPÓSITO + UTILIZAR DA COMUNICAÇÃO, DA TECNOLOGIA E DA INOVAÇÃO PARA FACILITAR O ACESSO DO MEU CLIENTE A ESSE PROPÓSITO = CLIENTE SATISFEITO.**

Esse caminho de reempreender tem como objetivo o cliente. Ele é o prêmio por todo o esforço empreendido nessa escalada. É válido ressaltar que, quando falo cliente, não é o mesmo que consumidor. Nos estudos sobre vendas, há diferenças claras entre os dois. Vamos a elas.

O consumidor está interessado apenas no menor preço, nas ofertas, nos descontos, nos brindes. É aquele que dificilmente vai se engajar e se tornar seu seguidor nas redes sociais ou que vai fornecer seu endereço eletrônico para receber e-mail marketing. O foco dele se mantém na busca incansável pelo menor preço; para ele, isso é estar na vantagem, é fazer um bom negócio.

O cliente é diferente. Já foi fidelizado, conhece o propósito do seu negócio, concorda com ele, segue suas redes sociais, recebe os e-mails marketing, mantém uma relação. Ele nem sempre está comprando, mas está próximo, dificilmente se afasta, prefere pagar o preço um pouco mais alto em nome do atendimento e da confiança estabelecidos. O cliente sente-se seguro ao comprar de você, pois sabe o que está comprando. Vai falar do seu negócio, das suas qualidades, dos seus diferenciais e até do seu propósito para outras pessoas.

Você deve estar se perguntando: "Então devo priorizar somente o cliente?". E respondo: não! O consumidor pode vir a se tornar um cliente. No movimento que o consumidor faz em busca do preço mais baixo, pode se engajar com seu negócio por conta do atendimento ou se identificar com seu propósito. Cabe a você e a sua equipe traçarem estratégias de atração e engajamento, pois há todo um ambiente favorável para que o modo de consumir não fique mais lastreado apenas no preço final.

Antes de ser consumidor ou mesmo cliente, quem chega até seu negócio, seja na loja física ou no e-commerce, é um visitante. O visitante é aquele que pesquisa, observa o lugar, os preços, conhece os produtos, tira dúvidas, informa-se sobre condições de pagamento. Enfim, o visitante é aquele que está conhecendo, tateando, observando.

Colaboradores bem treinados, engajados com o propósito da empresa, que conhecem o produto ou o serviço que está sendo oferecido, que atendem bem e conseguem passar a mensagem do negócio são fundamentais para transformar esse visitante em cliente. Note que, se você trabalhar bem todos os fatores que envolvem o negócio, não precisará tentar convencer o cliente. Você substitui a argumentação pelo preparo e pela conexão com seu público e possíveis clientes. O cliente, como falamos, é o prêmio.

Um ponto que se pode destacar disso é o fim do "lojacentrismo", quando percebemos a necessidade de transformar cada ponto de contato do cliente numa filial, num negócio, como mencionado anteriormente. O cliente busca, cada vez mais, soluções personalizadas que atendam aos seus anseios, não apenas o produto. O serviço, aquele sistema solar ao redor do produto, passa a ganhar mais poder que o próprio produto.

Às vezes, você vai ao supermercado comprar uma coisa pequenininha, mas escolhe aquele porque entrega em casa ou permite a compra pela internet. Você não está buscando um produto, mas todo um "sistema solar" de serviços oferecidos com ele. É importante categorizar as *personas*, os vários tipos de clientes, para entendê-las. Ao chegar no topo da escada, você não precisa mais efetivamente vender – no que diz respeito à lábia de convencer o cliente –, pois o cliente compra de maneira automática, já foi conquistado por todos os processos dos degraus anteriores. A venda de verdade acontece quando efetivamente contribui para as pessoas!

A venda nada mais é que uma relação humana. Quando nos preocupamos com o problema das pessoas, naturalmente elas se preocupam conosco. Às vezes, um cliente pode até não voltar ao nosso estabelecimento para comprar de novo, mas manda outros tantos em seu lugar. É o que penso sobre fidelização e lealdade, características não diretamente ligadas ao retorno do cliente ao estabelecimento, mas a como e quanto ele indica o produto ou serviço a outras pessoas. O objetivo deve ser criar esse tipo de relação.

Chegamos ao último degrau, e eu gostaria de saber: sua visão sobre cliente mudou? Como você e sua empresa têm lidado com todas essas transformações? Para se aprofundar um pouco mais nesse último degrau, preparei outro vídeo para você.

https://fredrocha.especialistaemvarejo.com.br/video_05

A VENDA NADA MAIS É QUE UMA RELAÇÃO HUMANA. QUANDO NOS PREOCUPAMOS COM O PROBLEMA DAS PESSOAS, NATURALMENTE ELAS SE PREOCUPAM CONOSCO, E ISSO GERA RESULTADOS EM VENDAS E PROPAGADORES ORGÂNICOS DE SUA MARCA E EMPRESA.

CAPÍTULO 9

CONHECIMENTO: O MAIS PODEROSO INTANGÍVEL DE TODOS

Há mais um intangível que não é um degrau, mas é tão importante quanto qualquer um desses que apresentei ao longo desta obra: o conhecimento. Ele funciona como combustível para subir os degraus. Já que o cliente é o prêmio, é preciso uma fonte de energia para desenvolver o propósito, engajar mais pessoas, conseguir entender as inovações necessárias para o negócio. Para subir a escada, você precisará de combustível, e esse combustível é o conhecimento!

Certamente, se você chegou até aqui, já entendeu que para entrar ou se manter no mercado hoje é necessário entendê-lo, preparar-se para ele. Então não é difícil concluir que quem não estuda não vende! Em sentido literal, estudar seu setor, seus clientes, as tecnologias disponíveis que podem auxiliá-lo na busca pelo crescimento contínuo do negócio, seus concorrentes, as soluções disponíveis, os produtos e as matérias-primas que podem ser agregados ou substituídos, e por aí vai. Trata-se de uma infinidade de aspectos que precisam ser analisados com muita frequência para não "perder a mão".

Eu até gostaria, porém não é apenas este livro que vai dar a você, leitor, todo o conhecimento necessário para enfrentar os desafios da jornada. Você terá de buscar cursos, livros, palestras, mais inspiração, mentores, influenciadores; precisará desenvolver disciplina para estudar e se aprimorar, além de uma série de outras qualidades, para que essa escalada seja realizada de modo eficaz, em degraus sólidos.

Conhecimento deve ser entendido como uma noção real de tudo – o produto, o cliente, as necessidades de mudança, ou seja, deve ser amplo e multidisciplinar. Mesmo que o leitor não tenha acesso a esse tipo de conhecimento múltiplo, é fundamental se cercar de pessoas que o complementem, que estejam, acima de tudo, engajadas naquele propósito, que compartilhem a intenção de formar um time, de construir a empresa, de levar seu propósito ao máximo de pessoas possível.

Talvez a grande mensagem deste livro seja que tudo se trata de constante adaptação e readaptação dos produtos e serviços, que não param de mudar, para conquistar esse consumidor que não para de comprar e de consumir, tudo isso num mercado instável.

A racionalidade é uma característica que define os seres humanos. Agora pergunto: como você tem usado isso a seu favor para manter seu negócio? De que formas tem usado sua infinita capacidade de assimilar conhecimento para que você e seu negócio não fiquem parados no tempo?

De acordo com a teoria evolucionista e com os registros fósseis encontrados, os primeiros hominídeos surgiram há cerca de 4,5 milhões de anos, no sul do continente africano, e foram batizados de *Australopithecus*, justamente por estarem localizados no hemisfério sul do planeta Terra, também chamado austral. Por volta de 2,5 milhões de anos depois, surgiram os *Homo habilis*, primeira espécie do gênero *Homo*, responsável pelo domínio do fogo e pela criação das primeiras ferramentas e das primeiras pinturas rupestres. As espécies de hominídeos foram se desenvolvendo e passando por mutações ao longo de milhões de anos, até chegarem ao *Homo sapiens*, há cerca de 200 mil anos. Os cientistas nos definem como *Homo sapiens sapiens*, o que quer dizer que somos uma versão melhorada dessa espécie, uma atualização bem-sucedida.[23]

Os termos que usei para me referir aos nossos ancestrais são nomes científicos de algumas espécies, dados em latim por uma convenção geral entre os cientistas. *Homo sapiens*, por sua vez, quer dizer "homem sábio", o que significa que a versão 2.0, da qual fazemos parte, seria o homem sábio duas vezes. O que isso significa? Que a capacidade de raciocinar é um dos principais diferenciais dos seres humanos em relação aos demais animais, além do polegar opositor. Mais que o raciocínio, temos a capacidade de criar ideias, representações, inventar e abstrair, o que nos diferenciou, inclusive, das outras espécies de

---

23 ETAPAS evolutivas: os primeiros hominídeos? **UNESP Campus Assis**. Disponível em: http://www2.assis.unesp.br/darwinnobrasil/humanev2a.htm. Acesso em: 7 jan. 2022.

hominídeos. São 4,5 milhões de anos de evolução, de crescimento cerebral, de complexidade neurológica, e você **deve** usar esse potencial para o melhor proveito do seu negócio.

Segundo Yuval Harari, professor de História da Universidade Hebraica de Jerusalém, o que teria definido a superioridade dos *Homo sapiens* sobre as demais espécies seria justamente essa capacidade cognitiva. Em seu livro *Sapiens: uma breve história da humanidade*,[24] Harari dividiu seu estudo em três partes: Revolução Cognitiva, Revolução Agrícola e Revolução Científica, mostrando a importância de cada um dos processos para a constituição da sociedade humana. Sem menosprezar as outras partes, Harari aponta que a revolução cognitiva foi o pontapé inicial, o ponto de partida, para que nossa espécie se estabelecesse como a mais adaptada e adaptável. O que Harari quis dizer, a meu ver, é que o conhecimento fez com que chegássemos até aqui e serve como base e combustível para o processo de reempreender.

É importante reforçar que estamos no topo de um processo evolutivo. Segundo Darwin, no meio ambiente não vence o mais forte, mas aquele que se adapta melhor às condições externas. Isso quer dizer que

---

24 HARARI, Y. N. **Sapiens**: uma breve história da humanidade. São Paulo: Companhia das Letras, 2020.

nossos ancestrais foram os que melhor se adaptaram às condições que lhes foram impostas, adaptação que se deu, provavelmente, graças à sua capacidade cognitiva de criar, seguir e acreditar em ideias, de produzir a partir delas. Precisamos nos agarrar à capacidade cognitiva e de adaptação para nos mantermos vivos diante das mudanças que acontecem a todo instante, para mantermos nossos negócios vivos e acompanhando as constantes transformações.

Já que a capacidade de raciocinar e o conhecimento são as características que nos tornam seres humanos e, muito mais, que nos fizeram chegar até aqui, façamos uso disso. Costumo dizer que o conhecimento é o combustível para que possamos escalar os degraus do reempreender. Sabe o que isso quer dizer? Que não adianta ter o propósito fundamentado, as pessoas devidamente formadas, as inovações necessárias, a tecnologia disponível, comunicação eficiente e chegar até o cliente, mas não ter o domínio daquilo que está fazendo, não ter o máximo de conhecimento necessário. Assim como um carro não anda sem combustível, sem conhecimento não se sobe nenhum dos degraus apresentados nesta obra.

Então, como desenvolver esse ponto específico? Como acumular o máximo possível de conhecimento disponível? Estudando, pesquisando, lendo, conversando, frequentando palestras, buscando saber sobre casos de outras empresas e negócios. Você encontrará essas informações na internet, em livrarias, conferências, simpósios. É necessário estudar continuamente, todos os dias, ainda mais quando nos encontramos num mundo em que as mudanças são rápidas e constantes. É preciso que mudemos junto, que acompanhemos essas mudanças.

Você conhece a *Alegoria da Caverna*, de Platão? Para abordar a importância do conhecimento para o ser humano, Platão descreveu uma situação em que várias pessoas estariam vivendo presas numa caverna e, nas paredes do lugar, apareciam sombras. Para aquelas pessoas, as sombras eram a realidade. Uma delas conseguiu se desvencilhar das correntes e descobriu o mundo externo, o que havia fora da caverna. A luz, em um primeiro instante, incomodou, mas aos poucos esse indivíduo viu a grandeza do mundo real. Por meio de metáforas, o filósofo grego retratou o conhecimento como a luz e o caminho que poderiam tirar as pessoas aprisionadas, iludidas pelas sombras projetadas nas paredes, as quais acreditavam ser a realidade, de dentro da caverna. Para Platão, o ser humano deve buscar a verdade, e a ela só se chega por meio do conhecimento, observando o mundo de maneira crítica, afastando-se das paixões e das opiniões pessoais.

O filósofo brasileiro Mario Sergio Cortella chama a atenção a um fato: conhecimento é diferente de

É NECESSÁRIO ESTUDAR CONTINUAMENTE, TODOS OS DIAS, AINDA MAIS QUANDO NOS ENCONTRAMOS EM UM MUNDO EM QUE AS MUDANÇAS SÃO RÁPIDAS E CONSTANTES.

informação.[25] Hoje, com a popularização da internet, temos acesso a uma quantidade infinita de informações, porém nem tudo isso é considerado conhecimento. Conhecimento, segundo ele, é aquilo de que nos apropriamos; informação é aquilo que simplesmente é dito, que está ao nosso dispor, mas que não obrigatoriamente vai nos ser útil. Você deve buscar o conhecimento e se apropriar dele; fazer dessa busca um hábito e uma constante em seu cotidiano. Por isso digo: quem não estuda não vende!

Você deve estar se perguntando o que Darwin, Harari, Platão e Cortella têm a ver com o seu negócio, não é? E eu lhe digo: tudo! Todos eles, de um jeito ou de outro, trataram do conhecimento e da capacidade humana de acumulá-lo. Quando falo conhecimento, não me refiro apenas ao que é externo, mas também ao que está diretamente relacionado a você e ao seu negócio. É muito importante ter ciência daquilo que você oferece de modo profundo, desde os processos mais básicos, pois eles lhe darão as condições necessárias para que ações mais complexas sejam projetadas e postas em prática. Fazer o básico bem-feito e ter domínio dos procedimentos necessários para isso

---

25 OLIVEIRA, A. J. Mario Sergio Cortella: "Não basta ter informação, é preciso saber o que fazer com ela". **Galileu**, 23 ago. 2017. Disponível em: https://revistagalileu.globo.com/Ciencia/noticia/2017/08/mario-sergio-cortella-nao-basta-ter-informacao-e-preciso-saber-o-que-fazer-com-ela.html. Acesso em: 7 jan. 2022.

é fundamental para o processo de escalada dos degraus do reempreender.

Tudo isso é o bastante? Ainda não. Eu diria que, além de estudar, ler, pesquisar, analisar e conversar, é essencial treinar o olhar para observar o mundo de modo diferente, atento ao que está acontecendo, às mudanças, buscando maneiras de se reinventar. Como é possível conseguir isso? Por meio da gestão desses conhecimentos. O acúmulo, por si só, não tem sentido; é preciso ter foco e objetivos claros para que esse conhecimento possa ser utilizado a seu favor e ao do seu negócio. O escritor austríaco Peter Drucker falou que "o conhecimento e a informação são os recursos estratégicos para o desenvolvimento de qualquer país. Os portadores desses recursos são as pessoas"[26] — essa afirmação funciona também para os negócios, e muito.

Um alerta importante: cuidado para não deixar o ato de reempreender automático ou fazê-lo por obrigação. Apenas empreender não adianta; é preciso ter gestão! A gestão, por sua vez, vai existir por meio da disciplina. Com gestores disciplinados tocando a operação cotidianamente, garantem-se a eficiência e a velocidade de mudança de que o reempreender necessita.

---

[26] GUNZI, A. Peter Drucker em 40 frases: um pouco das ideias do pai da Administração. **Administradores.com**, 2 ago. 2021. Disponível em: https://administradores.com.br/artigos/peter-drucker-em-40-frases. Acesso em: 7 jan. 2022.

É preciso coletar os dados de tudo aquilo que é feito no dia a dia da empresa, fazendo registros desde as coisas mais simples até as mais complexas, analisá-los posteriormente, filtrar o que é importante e pode servir para a tomada de decisão sobre os próximos passos e, por fim, identificar os principais pontos a serem atingidos de acordo com os níveis da estrutura do negócio.

Cada pessoa que participa da sua equipe também é fonte de conhecimentos, os quais podem ser válidos para o desenvolvimento e o crescimento da sua empresa. Fazer uso dos potenciais de cada membro do time serve ainda de estímulo, pois, ao contribuir para o crescimento do negócio, o sentimento de pertencimento também aumenta. Agregar a experiência dos membros da sua equipe ao seu negócio é parte do processo de gestão do conhecimento, pois cada colaborador tem muito a contribuir e a ensinar. A realização de treinamentos, de práticas de integração, de momentos de partilha de vivências, além de promover um clima de união entre os membros da equipe, serve para explorar e conduzir o potencial individual dos colaboradores em relação à equipe e ao negócio.

Estimular os colaboradores a compartilhar seus conhecimentos e suas experiências, dar-lhes motivos para continuar estudando, criar um ambiente de interatividade, tudo isso pode facilitar (e muito!) para que se estabeleça um ambiente de muita criatividade.

Esse tipo de iniciativa valoriza seu negócio e sua equipe, e não estou falando de valor financeiro, mas de valor agregado, algo que se relaciona diretamente ao propósito, lembra-se?

Como falei algumas vezes, o combustível para reempreender é o conhecimento; porém, esse conhecimento deve ser bem gerido não só pelos líderes, mas pelos colaboradores de modo geral, desde a base até a direção.

Por falar em conhecimento e em boas referências, aproveito para deixar aqui algumas indicações pessoais que podem ajudá-lo a aprofundar-se em temas específicos do mercado. Vale a pena conferir o trabalho dessa galera, que tem como um dos objetivos de vida disseminar boas práticas e conhecimento real.

INDICAÇÃO	ONDE VOCÊ ENCONTRA O TRABALHO DESSA INDICAÇÃO?	O QUE VOCÊ PODE APRENDER COM ESSA INDICAÇÃO?
RAPHA FALCÃO	@RAPHAEL.FALCAO	MARKETING DIGITAL
THIAGO CONCER	@THIAGOCONCEROFICIAL	VENDAS
EDSON MACKEENZY	@MACKEENZY	MENTORIA
BRUNO NARDON	@BRUNO.NARDON	GESTÃO E CONTROLE
ALFREDO SOARES	@ALFREDOSOARES	SACADAS COMERCIAIS
MANOEL JÚNIOR	@EXPERIENCIALIZE	EXPERIÊNCIA DO CLIENTE
RICARDO PODVAL	@RPODVAL	EMPREENDEDORISMO COM IMPACTO SOCIAL
LUZ CANDREVA	@LUIZCANDREVA	FUTURISMO NOS NEGÓCIOS
RICARDO NATALE	@RICARDONATALE	CONTEÚDO CORPORATIVO
BRUNO VANENCK	@BRUNOVANENCK	EMPREENDEDOR EXEMPLO
FERNANDO KIMURA	@FERNANDOKIMURA	ARTE NOS NEGÓCIOS
CARECA	@SANDUBADOCARECA	EMPREENDEDOR EXEMPLO

MAS NÃO SE PRENDA APENAS A TEORIAS! CONHECIMENTO SEM PRÁTICA GERA FRUSTRAÇÃO! APRENDA PESQUISANDO E COLOCANDO EM PRÁTICA O QUE ESTÁ NA SUA CABEÇA, SEM MEDO DE ERRAR OU DE COMEÇAR ALGO NOVO. É ASSIM QUE OS MELHORES NEGÓCIOS SÃO CONSTRUÍDOS.

CAPÍTULO 10

APESAR DE TODAS AS TRANSFORMAÇÕES... PESSOAS CONTINUAM SENDO PESSOAS!

Quando você finalmente compreende que atrás de toda e qualquer mudança no mundo estão pessoas que fazem algo para outras, tudo fica mais simples. Nenhuma inovação ou tecnologia assusta mais, porque você sabe que, no fundo, tudo que é idealizado e concretizado tem exclusivamente o intuito de tornar a vida da humanidade e dos consumidores mais FÁCIL.

Então, minha mensagem final é: pessoas continuam sendo pessoas e, desde que você enxergue assim, seu trabalho é desenvolver um bom relacionamento com elas e mostrar-lhes o que consegue fazer por elas por meio de suas soluções GUIADAS PELO SEU PROPÓSITO.

Dito isso, é importante frisar ainda que na hora de conduzir sua equipe é fundamental compreender que ninguém é maior que ninguém. As relações de trabalho devem estar pautadas em harmonia, compreensão clara da divisão de papéis e parceria respeitosa e positiva. Todos fazem parte do mesmo time, todos devem remar na mesma direção. Se a empresa cresce, todos crescem. Mais que nunca, a palavra para o que funciona é PARCERIA.

Cada função demanda um conjunto de habilidades, e estas são apresentadas, comumente, nos comportamentos de perfis diferentes. Uma equipe toda de pessoas disciplinadas e rigorosas, por exemplo, pode acabar por burocratizar demais as atividades, fazendo com que sua empresa caminhe em ritmo mais lento. Cada perfil tem um conjunto de qualidades, e há enorme poder na diversidade.

Segundo pesquisa do Instituto Gallup,[27] 66% dos profissionais se demitem por causa do líder. Por isso, trabalhe seus comportamentos para não ser você o motivo de saída dos bons profissionais. Como? Algumas dicas podem ser aplicadas agora mesmo em seu negócio:

ATIVIDADES DE INTEGRAÇÃO

As atividades de integração podem surgir como cafés da manhã, passeios, jantares e o famoso happy hour. São atividades que promovem a facilitação do relacionamento entre os membros das equipes. Suas características principais devem ser leveza, abertura, descontração. As pessoas, quando distantes das tarefas profissionais, liberam a tensão das responsabilidades e se colocam mais abertas a estabelecer relações amistosas com os colegas de trabalho. Muitos líderes e empresários não gostam de investir nesse tipo de evento pela falsa sensação de irrelevância. Ledo engano! Relações amigáveis entre os membros

---

27 RAMALHO, C. Socorro! Meu chefe é uma... **Catho**, 20 mar. 2011. Disponível em: https://www.catho.com.br/carreira-sucesso/colunistas/convidados/socorro-meu-chefe-e-uma/. Acesso em: 7 jan. 2022.

da equipe melhoram o desempenho, facilitam tomadas de decisão e aumentam o bem-estar do profissional, reduzindo índices de rotatividade.

REUNIÕES DE EQUIPE

As reuniões de equipe são encontros para o desenvolvimento de trabalho coletivo. Possuem diversas funções e devem ser observadas de perto como instrumento de alavancagem de performance da empresa e de seus membros. A frequência, o objetivo, o ritmo e o conteúdo devem ser observados de perto para garantir que sejam produtivas, colaborativas e motivacionais.

PALESTRAS

As palestras ajudam a estimular mudanças na forma de pensar. Comumente desenvolvidas por profissionais externos à empresa, são momentos de sensibilização para conceitos novos, necessidades de informação ou estímulos importantes para a equipe.

TREINAMENTOS

Preparam e alinham as equipes para performar melhor. Podem ser técnicos ou comportamentais. Realizados por alguém de dentro ou de fora da empresa.

É possível, inclusive, investir em treinamentos realizados por outras empresas. O treinamento ensina, ajusta a forma de pensar e tende a estimular o profissional a produzir mais e melhor.

A você, leitor, primeiro o meu agradecimento por ter me deixado fazer parte da sua formação. Não tenho dúvida de que, a partir de agora, depois de percorrer toda essa jornada de aprendizado e percepções, você está preparado para enfrentar os desafios comuns àqueles que se tornam protagonistas das suas histórias e destino.

E é assim que eu espero que você se sinta ao fechar este livro: transformado. Lembre-se ainda de que o processo de evolução não pode parar e que, assim como o mercado (que se transforma naturalmente), a nossa visão de mundo e ideias precisam ser recicladas continuamente. Por isso, retome a leitura quantas vezes for necessário. Refaça exercícios, retome questionamentos e faça novas anotações.

Outra certeza que tenho é de que, se você colocar em prática a partir de agora tudo que aprendeu e sabe que precisa fazer, vamos nos encontrar em algum momento, afinal, a minha maior realização é conhecer empresas que se destacam e que descobriram o poder do reempreender!

COMO ÚLTIMA PROPOSTA
DE EXERCÍCIO, QUE
TAL COMEÇAR AGORA
MESMO A TRAÇAR UM
PLANO DE AÇÃO PARA
REEMPREENDER, COM BASE
EM TUDO O QUE APRENDEU
COM ESTA LEITURA?
ESPERO RECEBER SEU
CONTATO MUITO EM BREVE
PARA ME DIZER COMO
SUA "NOVA EMPRESA"
ESTÁ EVOLUINDO.
MÃOS À OBRA E
BONS NEGÓCIOS!!!

APESAR DE TODAS AS TRANSFORMAÇÕES... PESSOAS CONTINUAM SENDO PESSOAS!

PLANO DE AÇÃO

O QUE VOCÊ VAI FAZER A PARTIR DE AGORA? LISTE POR ORDEM DE PRIORIDADE E DE MANEIRA SEQUENCIAL.	QUANDO? AQUI É FUNDAMENTAL INDICAR UM PRAZO DE INÍCIO E TÉRMINO DAQUILO A QUE VOCÊ SE PROPÔS A FAZER.

COMO VOCÊ ALCANÇARÁ OS OBJETIVOS DESCRITOS E NO PRAZO QUE ESTIPULOU?	ANÁLISE DAS MÉTRICAS: É FUNDAMENTAL ACOMPANHAR OS RESULTADOS DO QUE ESTÁ SENDO FEITO PARA SABER SE VOCÊ DEVE CONTINUAR OU MUDAR O FOCO.

APESAR DE TODAS AS TRANSFORMAÇÕES... PESSOAS CONTINUAM SENDO PESSOAS!

NO FINAL, TODOS NÓS QUEREMOS AS MESMAS COISAS: SERMOS RESPEITADOS, COMPREENDIDOS E NOS SENTIR PARTE DE ALGO QUE FAÇA NOSSOS DIAS VALEREM A PENA. QUANDO UMA EMPRESA ENTENDE E COLOCA ISSO EM PRÁTICA, O RESULTADO NÃO É APENAS A FIDELIZAÇÃO DE CLIENTES E A SATISFAÇÃO DOS COLABORADORES, MAS A CONSTRUÇÃO DE UM NEGÓCIO INSPIRADOR E ÚNICO PARA O MERCADO E PARA A VIDA.

Se você gostou deste livro e se as dicas e os ensinamentos do autor fizeram sentido para você, a boa notícia é que Fred Rocha preparou outros materiais exclusivos e um curso prático com tudo que foi abordado aqui, além de dezenas de palestras de amigos empreendedores para inspirá-lo a reempreender a partir de agora! Para garantir sua vaga e um desconto especial por ter chegado até aqui por meio do livro, utilize o QR Code abaixo e comece agora mesmo!

https://fredrocha.especialistaemvarejo.com.br/curso

Este livro foi impresso pela Rettec
em papel pólen bold 70 g/m² em abril de 2022.